JN035704

通帳残高1120円からの奇跡の復活人生

院長はなぜ、始発から2番目の電車で出勤するのか？

整形外科医　クリニック院長
古賀昭義

ライトワーカー

はじめに――

皆さんは、医師という仕事は儲かるんだろうなぁ、というイメージをお持ちでしょうか？　少なくとも私は医師になるまではそう思っていました。しかし、実際に私の身に起きたことは、そんなこととはかけ離れた悲惨なものでした。

あまりにもつらすぎて、診察室で一人で大声で泣いたことがあります。患者さんの前で、土下座して「もう来ないでください……お願いします！」と頼んだこともあります。

そして、忘れもしません、41歳の誕生日のことでした。クリニックの通帳残高を見て、愕然としました。たったの１１２０円……。

「まさか、通帳残高が１１２０円って……ウソでしょ？」

と、思われる方もいらっしゃるかもしれません。でも、ウソではありません。**（14ページ参照）**。その通帳残高がダメダメだったクリニック院長の実像でした。

「いま、どん底にいる」と思っている方、「つらくてつらくて泣きたい」と思っている方、あるいは「夢も希望もないから死んでしまいたい」と思っている方もいらっしゃるかもしれません。

そういったお気持ち、私はとてもよく分かるんです。私もちょっと前まではそんなどん底状態でしたから……。

人生100年時代と言われるようになりました。人生は長いです。ですから、皆さんに言いたいんです。

「絶対にあきらめないでください。もうじき、どん底の夜が明けます！」

幸い、私は人生において**復活**することができ、いまのところ**「成幸」**していると思っています。

誤字ではありません。いくら功を成しても、幸せに成れないのでは意味がありません。ですから、本書では成功ではなく、**成幸**（せいこう）（幸せに成る）と書かせていただきます。

私はもうじき50歳になるおじさん整形外科医のクリニック経営者ですが、その私が家族や患者さんに最近、よくこう言われます。

「今が一番、若い！」

なぜそう言われるのか分かりませんが、確かに、私は今が一番楽しいことは事実です。

２０２０年春からのコロナ騒動によって皆さんも大変なご苦労をされたことかと思います。

本書でも触れていますが、私のクリニックもコロナにはかなり痛めつけられました。でも妙なんですが、クリニックを開業したのが２００７年、それはそれはどん底の時代が長かったですから、「コロナなんかに負けてられないよ」と逆に闘志を燃やすことができました。

私は、通帳残高１１２０円までになったどん底人生から**復活**してきたと自負しています。その経験を皆さんにお伝えし、皆さんが人生で**成幸**するお手伝いをしたいというのが、この本を出版するテーマです。

ただ、**復活**とか**成幸**というと何か大げさな響きがあるかもしれませんが、そのきっかけになったことは、実はそれほど大したことではなかったのです。

「始発から2番目の電車に乗って出勤してみよう！」

本書のタイトルにもさせていただいた、そんな簡単なことが私の人生の大きな転機になりました。

なぜ、そんな簡単なことが転機になったのか？　それは本書を読んでいただくと分かっていただけるはずです。

まだ朝日も昇らない早朝に起き、始発から2番目の電車に乗り始めたことで、私の人生の暗闇に少しずつ光明が灯っていきました。

おや？　電車の発車のアナウンスが聞こえてきたようです。できれば、皆さんと降車駅までゆっくりお話がしたいですねぇ……。

いかがでしょう、始発から2番目の電車に一緒にお乗りになりませんか？

院長はなぜ、始発から2番目の電車で出勤するのか？　目次

第一章

第四章

企画協力●NPO法人 企画のたまご屋さん

第一章

Chapter 1

院長はどうやって人生に復活し、成幸（幸せに成る）できたのか！

私がこの本を書こうと思ったのは、皆さんに人生で**成幸**してもらいたいからです。

「はじめに」でも書きましたが、誤字ではありません。成功ではなく、あえて**成幸**（幸せに成る）と書かせてもらっています。

昨日の自分より明日は1ミリでも成長しよう、ということを毎日、続けていれば、人生の道端にいつか花が咲きます。ダメダメ院長だった私でも、それなりに人生の花を咲かせることができています（と、私は思っています）。

欲張らなくていいと思います。どんな小さなことでもいいんです。昨日の自分より成長させることを続けていきましょう。それが、**成幸**への一番の近道なのですから……。

「自分は幸せにならないはずがない！」

突然ですが、「自分は幸せにならないはずがない！」と確信してください。それが幸せになるための究極の答えです。

いつもそう思って毎日を過ごすと、身のまわりに起きることすべてが、自分が幸せになるための、その途中の出来事だということが分かってきます。今まで起きてきたことも、すべて意味があることなのです。

幸せになるためには、自分をもっともっと信頼すべきです。「自分の人生を信頼していいんだ」と考えると視界が広がっていきます。

そして、「絶対に幸せな人生になる」ということを信じきること。それが一番の人生の**成幸**法かもしれません。

絶対にあなたは人生において幸せになります。心配はいりません、そう決まっているのですから……。

自分の人生を信頼した瞬間から、幸せへの歩みが始まります。

しかし、「心配はいりません」といくら言われても、そう思えない、逆に不安になることもあるでしょう。ですので、そういう不安な気持ちになった時のための裏技をご紹介します。

私はクリニックの経営に悩んだ時、**「スティーブ・ジョブスならどう決断するだろう？」**と考えるようにしました。2011年に亡くなられましたが、アップル社の共同創立者のスティーブ・ジョブス氏です。

決断に迷った時は、「彼だったら、どうするだろう？」と私は思いを巡らしてきました。

アップル社の製品の特徴は、無駄を省き、先進的で洗練されています。

携帯電話からキーボードを省いたiPhone。パソコンから有線接続をなくしたMacBook。これらは、**無駄な物**を選択し、**やらないこと**を決断して完成されたものです。

私は、スティーブ・ジョブスになり切って、何をやらないかをいつも考えています。経営は、何をやるかより、何をやらないのかを決めることが大事です。

私の場合、経営不振のため整形外科診療所には定番のリハビリ室の運営をやめ、美容皮膚科を立ち上げました。コロナ禍の中では、対面診療からオンライン診療にシフトしています。

今までの常識を変えるのはとても勇気のいることです。とても、零細クリニックの院長では決断できそうにないことも多々あります。

そんな時、自分の理想の経営者になりきる。そうすると、不思議と良い決断ができるのです。

これは別に経営者だけに限る話ではないと思います。皆さんにも生き方の理想となるような方がいらっしゃると思います。もし、まだいないようでしたら、ぜひ一人、自分が理想とする方を見つけ出してください。

そして、皆さんが何かに迷った時、「あの人だったら、こんな時どうするだろう？」と理想の人になりきって考えてみてください。

これはぜひオススメしたい人生の裏技です。皆さん自身が理想とする方がアドバイスしてくれるのですから、絶対に力になってくれるはずです。

医師会を退会

さて、私はクリニックを開業して13年を迎える医師ですが、家業というわけでもありませんでしたので、開業後は悪戦苦闘の毎日でした。

13年間、色々なことが起こりました。開業まもない2009年のリーマンショック、2011年には東日本大震災、そして2020年のコロナショック……。

先輩医師の皆さんからはいつも、「大丈夫か?」と心配されました。でも、そう聞かれた時の私の答えはいつも一緒でした。

「はい、綱渡りがだいぶうまくなってきました!」

起業されている方はお分かりになると思いますが、経営というのは本当に綱渡りです。

私は、何をやってもうまくいかないダメダメ院長でした。

患者さんの集客がうまくいかず、設備投資の回収もなかなかできなくなり、運転資金もピンチ……。クリニックにとって生きるか死ぬかの瀬戸際でした。

ある日、クリニックの通帳を見て、節約できるものはないかとチェックしてみると、医師会の会費がかなり高額なことに気づきました。

医師会には開業と同時に入会する方が多く、私も何も考えずに入会し、日曜日診療などを行なっていました。

しかし、「日曜日は経営を立て直すために新たなことを学ぼう」と美容学会やセミナーに参加することを決めていましたので、医師会の退会を決断しました。

医師会を退会するということは普通はありえないことで、一度入会したら閉院するか亡くなるまでそのままというのが常識だそうです。

ですから、所属医師会の事務局の受付ではかなり揉めました。最初に提出した退会届を「受け取れない」と受付の方に言われました。

事情をなんとか説明し、やっと受け取ってもらったのですが、あの時は本当に恥ずかしかったです……。

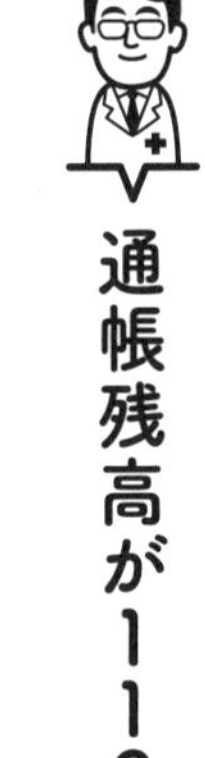

通帳残高が1120円！

医師会を退会などして、色々と経費を切り詰めましたが、事態が簡単に改善するわけもなく、経営のピンチは続きました。

２００９年のリーマンショックは、クリニックのあるオフィス街も直撃し、クリニックの並びにあった家電大手の本社は移転、景気が良さそうだった有名人材派遣会社は倒産しました。

多額の開業費用の返済が続いたことで、「はじめに」でも書きましたように、クリニックの通帳残高がたった１１２０円になりました。

それが分かったのは41歳の誕生日のことです。本当に心が折れた誕生日でした。今さらながら、その時の自分

日付	取引	お支払金額	摘要	お預り金額	残高
23--8-31	現金 (662)		コガ	*490,000	*495,162*
23--8-31	振込	*55,966			*439,196*
23--8-31	振替	*420	振込手数料		*438,776*
23--8-31	振込	*14,850	カード		*423,926*
23--8-31	振替	*105	振込手数料		*423,821*
23--8-31	振込	*12,968			*410,853*
23--8-31	振替	*210	振込手数料		*410,643*
23--8-31	振込	*8,883			*401,760*
23--8-31	振替	*210	振込手数料		*401,550*
23--8-31	振替	*370,530	ｼﾔｶｲﾎｹﾝﾘﾖｳ		*31,020*
23--9--2	現金 (662)			*10,000	*41,020*
23--9--5	振替	*39,900	ｼﾔｰﾌﾟﾌｧｲﾅﾝｽ		*1,120*

に同情したくなります。

法人の社会保険料も支払えず、自分の給与すら払えません。私の年間の役員報酬は108万円。パートの職員ではありません、クリニック院長の年間報酬が108万円だったのです。

その頃、新築マンションのモデルルームを興味本位で尋ね、交渉してみました。年収額を聞かれたので正直にお話しすると、すぐにモデルルームから叩き出されました。

悪いことは続くものです。2011年3月11日の東日本大震災は、クリニックの経営悪化にさらなる追い打ちをかけました。

「もうだめだ……」

実を言いますと、一度、クリニックの経営を完全にあきらめました。ツテをたどって、ある方にクリニックを買っていただくことになり、私はそこで働くことにしました。

そして、遂にクリニックを閉じることになったわけですが、また新たな悪夢が襲ってきます。

クリニック売却の話が消滅してしまったのです。

始発から2番目に乗ってみるか?!

売却の話は消滅してしまいましたが、「閉院」と患者さんにもスタッフにも伝えていたものですから、もう大変です。

患者さんは戻ってきてくれませんし、呆れてしまったスタッフがどんどん辞めていきました。

さすがの私も、その時、本当に目が覚めました。

そして、静かに思いました。

「これは、誰のせいにもできないな……」

頼れるのは自分だけです。誰のせいにもできません。自分だけで難局に立ち向かうしかありません。

ほんの少しだけ残ってくれたスタッフがいます。心配してくれている家族もいます。そんな人たちに恩返しをしなければなりません。そして、一大決心をしました。

「一日一時間を、精一杯生きていこう！」

決意したからには、何かを具体的に変えていかなければなりません。

そこで、まずは今までより朝早く、朝日が昇る前に起きることにしました。

早朝4時に起床し、仕事場に向かいます。当然、その時間ですと始発電車です。朝食はコンビニで調達するか、24時間営業のファーストフードです。

当初は、JR山手線田町駅始発4時36分発に乗車していました。東京駅で乗り換え、クリニックのある市ヶ谷駅に到着するのは午前5時20分になります。

しかし、始発電車ではずいぶんと不快な思いをしました。タバコとアルコール臭の強い乗客にからまれたり、若い男性の乗客に牛乳パックを投げつけられたり、他にも色々と気分が萎えるような目に遭いました。

そんなわけで、始発電車に乗るのがすぐにいやになりました。

しかし、一大決心はしたわけですから、簡単に挫折するのはみっともないです。そこで、考え直しました。

「始発がダメなら、始発から2番目に乗ってみるか?!」

始発電車が4時36分で、2番目は4時53分です。たった17分の違いですが、電車の客層はかなり違います。

始発電車は酔っ払い、朝帰りのカップルなどかなり異様な雰囲気の方が多いのですが、始発から2番目の電車になると、客層が激変します。車内もずいぶんと空いており、一人で一車両を独占する日もあるほどでした。

「始発から2番目に乗ってみるか?」という簡単な思いつきが、私の人生にこれほど大きな変化をもたらしてくれるとは、その時は夢にも思っていませんでした。

どん底だったクリニック経営、ダメダメ院長だった私自身の**復活**と**成幸**が、なぜ始発から2番目の電車で出勤するようになってから始まったのか?

これから、そのことを少しずつお話ししていきたいと思います。

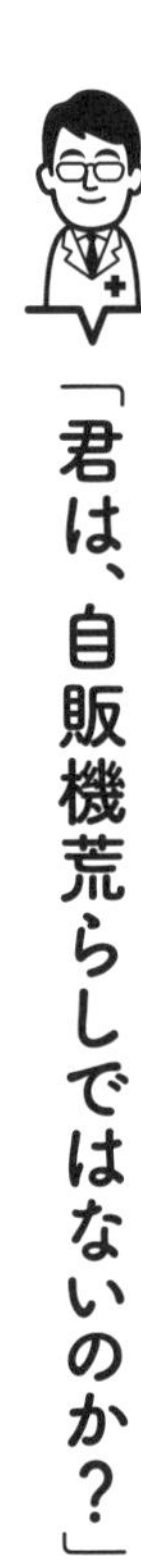

「君は、自販機荒らしではないのか?」

朝が早いと、季節の変わり目には苦労します。冬の出勤時はまだ寒いので厚手のコートを着込みますが、日中には気温が上昇……。

帰宅する頃もまだ気温が高く、コートを着ているのは私だけということもよくありました。

太陽が昇りきらない朝に道を歩いている時、おまわりさんに呼び止められ、職務質問されたことがあります。

「君は、このあたりで頻発している自販機荒らしではないのか?」

今となっては笑い話ですが、その時はショックでした。

きっと姿勢も悪く、下を向いて歩き、セルフイメージは最悪だったことでしょう。自販機荒らしと間違われても仕方がなかったかもしれません。

車窓からの日の出の光を浴びて

でも、始発から2番目の電車に乗っていると、時に車窓から日の出の光を浴びることがあります。

すると、気分が良くなります。車内が浄化されているような感じがしてきて、心も浄化されていくような爽快感に包まれていきます。

そして、早朝の静寂さと清潔な雰囲気に触れていると、その一日がとても貴重で大切なもののように思えてくるのが不思議でした。

一日への感謝の気持ちがあふれてくるのです。

私はいつも後ろから2番目の車両に乗り込みますが、その車両が一番、空いていることが多いからです。

時には、車両に私一人という日もあります。そんな、始発から2番目の電車の中で私がしていること。

それは、**「自分を整える」**ということです。

朝の日の光を浴びながら、市ヶ谷駅に着くまでは姿勢を正し、あとでご紹介する腹圧呼吸法を行ない、呼吸を整える時間に当てます。

●後ろから2番目の車両

呼吸を整えると、自律神経が安定していきます。自律神経は人体のバランスを整える機能で、交感神経と副交感神経で成り立っています。

簡単に言いますと、交感神経は活動的な時に優位になり、副交感神経は休息している時などに優位になります。呼吸を整えると、その副交感神経がどんどん優位になり、リラックスしていくわけです。

それでも、不安なことを考えてしまうこともあります。そういう時は、ある有名な起業家の講演で教えてもらったことを実践しています。

「取り消し、取り消し！」と、心の中で叫ぶのです。これは意外に効果があります。

最近、乗り込んだ始発から2番目の電車の車両に数多く貼られた広告で、某大手美容医療クリニックの院長が笑っていました。

この院長先生は、テレビのCMにも出ている有名人ですが、実は私の大学時代の後輩なのです。

「学生時代はあまり目立たない存在だったよな……」などと思いながら、広告を眺めていました。

彼は、クリニック経営で大成功を収めています。では、「俺は？」と自問自答してしまいました。

この時、車内には私一人。呼吸を整えていた私の心は、叫んでいました。

「人には器がある。お前はお前の器で幸せになれよ。それが**成幸**というものだろう！」

そうです、自分の器の中で成幸すればいいのです。

そんな前向きな発見が、誰もいない始発から2番目の電車で自分を整えていると浮かんでくるのです。

おりんの法則

始発から2番目の電車に乗るようになってからは、朝は24時間営業のフィットネスクラブで体を動かしてから、仕事場のクリニックに向かうようになりました。土曜も日曜もです。

フィットネスクラブへの到着は午前5時30分頃。それから、インターバル速歩を20分、ヨガのいくつかのポーズ（121ページ以降でご紹介します）をそれぞれ5分終えたところで、シャワーを浴び、朝6時にはクラブでのルーティーンは終了します。

それから、クリニックまでは歩いて数分です。業務開始までの3時間がゴールデンタイム。電話も鳴らず、とても快適な時間ですが、クリニックへの到着後はすぐにクリニックの清掃を始めます。

床掃除をしてから、植物に水を与え、素手でトイレ掃除もします。すべて自分一人です。クリニックは7階から10階まで4フロアありますので、かなりの重労働です。毎日となると、さすがに苦行だなぁと感じることがありますし、気分がどうにも乗らない日もあります。

しかし、四の五の言わず、とにかく掃除を始め、体を動かす……。すると、いつしか心がついてきてくれ、**「心が整っていく」**のが実感できます。

心が整っていくというのをどうご説明したらいいでしょうか？

私はそれを、**おりんの法則**と名付けています。仏壇の前にあって叩くと「チーン」となる、あの「おりん」ですね。

現代社会に生きる私たちは、多くの不安やストレスを抱えています。不安とストレスで体と心がガチガチな状態は、ちょうどおりんを片手で握りしめ、棒を持った手でおりんを思いっきり叩いているような状態と言えます。

もちろん、おりんはきれいには鳴らず、ボコッという鈍い音しかしません。

心が整っていくと、肩の力が抜け、安定した精神状態で、おりんを棒で気持ち良く叩ける感じです。

「チーン～」

きれいな音色が鳴り響きます。心が整っていくということは、つまりそういうことだろうと思います。

心が整えられることで、力が抜け、あなた自身が良い波動を出せるようになり、良い流れを引き寄せるようになっていきます。

俳優の哀川翔さんも日の出前の時間に早起きし、早起きは3文の得ならず「早起きは3億の徳！」と言って、充実した毎日を過ごされているようです。

世界の有名企業のCEOも早起きの方が多いようです。ナイキのCEOであるマーク・パーカ氏は5時に起床し、1時間の運動。

スターバックスCEOのハワード・ショルツ氏は毎朝4時半に起きて、社員の誰よりも早く出勤するとのことです。

米国第45代大統領のトランプ氏は起床後、必ず15分間の瞑想の時間をとることが習慣とのことです。

早起きして趣味を充実させるのもいいでしょうし、仕事の質を高める時間に当ててもいいでしょう。本当に早起きは3億の徳かもしれません。

人生の目的を探す

皆さんは、「開業医だから、ずいぶん稼いでいるんだろうなぁ」と思われているでしょうか？

正直に言いますと、私は開業医としての収入は中の下の方だと思いますが（笑）でも、いまは毎日がとても幸せです。

クリニックの経営がうまくいかない時、ワラをもすがるような思いで色々な本を読み漁りましたが、それが人生の糧になってくれました。

米国の作家であるジョン・F・ディマティーニ氏は、著書において人生の目的として次

のような7つの領域をあげています。**『ザ・ミッション 人生の目的の見つけ方』（ダイヤモンド社）**

（1）心と精神の領域＝気づき、叡智、宗教的・霊的な要因、神や宇宙とのつながり
（2）知性の領域＝天才性、知識、情報と専門技術、広範囲の思考
（3）ビジネスの領域＝職務の遂行、仕事やキャリアの成功
（4）お金の領域＝富を蓄えること、慈善活動への参入
（5）家族の領域＝家族との関係を築く、儀式と伝統、パートナーとの親密さ
（6）社会・人間関係の領域＝影響、リーダーシップ、ネットワーク、友情
（7）身体の領域＝バイタリティー、エネルギー、スタミナ、健康、自信、魅力

皆さんの人生の目的は、どれに当てはまりますでしょうか？

私も7つの領域をじっくりと考えてみました。すると、私は富を蓄えるということだけではなく、バランスを高めていくような人生を選択しているように思えました。

「億万長者になれなくても、家族が最高に幸せならいいじゃないか」

「金銭面で成果が得られなくても、他の領域でバランスが取れればいいじゃないか」

はっきり言ってそんな感じなのですが、そういう考え方になれたことが、毎日、幸せを感じていられる要因の一つになっているのかもしれません。

「英雄の旅」をしてみませんか？

話しは少し変わりますが、もし皆さんが映画監督兼主演で、自分の人生そのものを映画化するとしたらどんな作品になるでしょうか？　時間のある時にでも、一度ちょっと考えてみてください。


「ヒーローズ・ジャーニー」（英雄の旅）という言葉があります。

神話の研究の第一人者であったジョセフ・キャンベル（１９０４〜１９８７）によって発見された理論で、神話の中にある流れです。その流れとは、次のようなものです。

1. Calling（天命）

2. Commitment（旅の始まり）
3. Threshold（境界線）
4. Guardians（メンター）
5. Demon（悪魔）
6. Transformation（変容）
7. Complete the task（課題完了）
8. Return home（故郷へ帰る）

ハリウッド映画などもこの英雄の旅の流れに当てはめることができますが、別に映画や神話の中だけの話ではなく、私たちの人生の流れにも当てはめることができます。

こんな経験をお持ちではありませんか？　夢や目標に向かって行動していると強力なライバルが現れる……、自分や周囲の人が病気になる……、障害となる出来事に襲われてくじけそうになる……。

そんな人生の節目になった時に役に立つのが、英雄の旅の理論です。

それを基に分析すると、次の段階に行くために必要なものを知る手がかりを得ることができます。

ライバルが現れたということは、５の**Demon（悪魔）**のポジションにいるのかもしれません。それを乗り越えるために、６の**Transformation（変容）**、すなわち自分を変えることが求められているのかもしれません。

そう捉えていくと、自分の身にふりかかるさまざまな障害や困難を客観的に観ることができるようになります。次に自分はどうすればいいのかをじっくりと落ち着いて考えることができます。

「自分の人生」というタイトルの映画に、英雄の旅の理論はとてもうまく応用できます。

皆さん自身が監督兼主演の映画ですから、ストーリーはどのようにも自由に展開していけるのです。

ミッション、パッション、ハイテンション!!

私は、教育学者で著述家の齋藤孝さんの著書にあった、ミッション、パッション、ハイテンションという3つの言葉が大好きです。

- **ミッション**——出会ったものに触発されて「私の使命」と高める技
- **パッション**——ネガティブ体験を情熱へと反転する技
- **ハイテンション**——ハイテンションな体でポジションをゲットする技

（巻末・参考図書150ページ参照）

始発から2番目の電車での出勤中や、クリニックでの掃除の最中に、「ミッション、パッション、ハイテンション」とつぶやいていることがあります。自分を変えていく上で、この3つの言葉はとても効果があります。

人生において大きな節目を迎えた時、まずは自分の「ミッション」（使命）をしっかり意識して行動したいですね。

「ミッションを制する者は人生を制する」と言っても過言ではないでしょう。まず、自分がどのような人生を歩みたいのかを明確にし、ゴールを決めないことには何も達成できません。

ゴールを決めたら、それを「パッション」（情熱）を持って実践していきます。パッションがなければ、ミッションも持続できません。

そして、毎日をできるだけ「ハイテンション（高い意欲）で過ごすことを続ける……。

ミッション、パッション、ハイテンションを持続させるのにオススメのアプリをご紹介します。

『記念日』というアプリですが**（写真）**、私のスマホでは毎朝七時、目標を達成

する日までの日数が表示されます。

41ページでも触れますが、私は**「5年後の自分」**をイメージし、5年後日数をスマホに設定しました。最初は365日×5年プラス2日（閏年）ですから、1825日でした。

そして、毎朝7時に目標達成日までの日付がカウントされます。1日ずつ日数が減っていくのは非常にリアルな感覚です。減っていく日数を見ながら、「何が足りないなんだろう？」と考えるようにもなりますし、意外に刺激的で楽しいものです。

でも、「どうしても今日は気分が乗らないなぁ……体調が悪いかなぁ」というような日は、つぶやいてみましょう。

「ミッション！　パッション！　ハイテンション！」

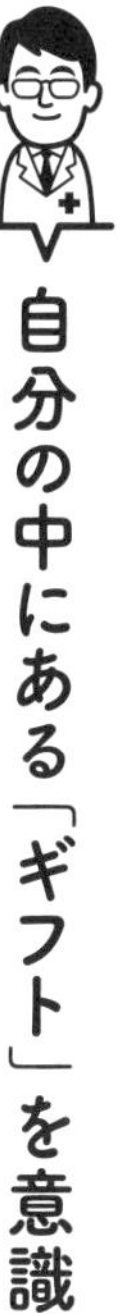

自分の中にある「ギフト」を意識

ある心理カウンセラーの方から、**「自分の中にあるギフトを意識すれば何でも解決しますよ」**と教えてもらいました。

ギフトとは生まれてくる時に神様から与えられた、自分だけのすばらしい能力という意味だそうです。

そこで、私なりに自分自身のギフトを考えてみました。そして、思い至ったのが次の7点です。

1——愛

2——与える

3——優しさ

4——癒し

5——ワクワク

6——許す
7——挑戦

改めて考えてみたわけですが、「7つもギフトがあるんだ」と我ながら感心したことを覚えています。

そして、心理カウンセラーの方から、こうも教えていただきました。

「うまくいかないと感じるのは、ギフトと違う行動をしているからです」

当時はちょうど、クリニックへの新しい設備投資に悩んでいる時でした。

「どの設備投資がいちばんコストパフォーマンスがいいだろう？」

「利回りがいいのはどれ？」

しかし、私自身のギフトを思い浮かべてみると、まったく違うことばかりを考えていたことに気づかされました。

自分のギフトを冷静に思い返し、「それに見合った設備投資は何か？」と考えてみると、すぐに決断をすることができました。

みなさんもぜひ、ご自分なりに**自分のギフト**を考えてみてください。別に誰かに話すわけでもないですから、恥ずかしがることはありません。**自分のギフト**って意外にあるものですよ。

「神に祈ったか？」

クリニックを開業して間もない頃、１９６４年の東京オリンピックのサッカー日本代表のコーチに外国人として初めて招聘された、デットマール・クラマー氏の記事を読む機会がありました。

タイトルは、「神に祈ったか？」

記事の趣旨は、「最後に神様に祈りを捧げるくらいにまで全力を尽くしたのか？」というものです。

「神に祈ったか？」でネット検索すると、京セラ創業者の稲盛和夫さんの金言集にも出てきますが、皆さんは「神に祈ったか？」と質問されたら、どうお答えになりますか？

自分自身「もうだめだ、限界だ……」と行き詰まった時、私は自問することにしています。

「本当にそうなのか？」

「別の角度から考えたら解決策があるのでは？」

そして、

「神に祈ったか？」

そう自問を続けると、「まだまだ！」と心の声が聞こえてきます。そこから、打開の道が拓けていったことが何度もあります。

99％の努力で1％の流れを引き寄せる

一日一日の積み重ねが大切なことは言うまでもありません。

しかし、目標がなければ改善もうまくいきません。その日一日の目標を決めることも大事です。

「とにかく、笑顔を続ける」、「特定の商品をお客さんにご紹介する」、「本を１００ページ読む」

……なんでもいいと思います。

「今日は、これだけは絶対に達成する！」と決めてください。その目標を達成するためには、スマホをぼんやりと眺めている暇はあまりありません。

毎日の積み重ねが自分を成長させてくれます。一日一時間、達成する目標を立てていくことが運を引き寄せていきます。

私の中学・高校の同級生に、プロギャンブラーのぶきという男がいます。カジノで勝ち続けたお金で世界を6周し、今は講演家であり著書も3冊ある彼に、日本で再会した時、思い切って聞いてみました。

「運ってなんなの？　運はどうやったら引き寄せられるの？」

彼は言いました。

「運は流れ。それを引き寄せるのは99%の努力だよ」

その話を聞いてからは、**「運は流れ」**を意識して生活するようになりました。

99%の努力をして、1%の流れを引き寄せるためにも、日々の目標を立てて、それをコツコツと達成していくしかありません。

夢の叶え方の2つのタイプ

さて、人によって夢の叶え方には違いがあると思います。大きく分けて**達成型**と**漂流型**の2つのタイプがあるように私は思います。

野球のイチロー選手、サッカーの本田圭佑選手などは**達成型**でしょうか。

子どもの頃から「自分の夢はプロになること！」、「年俸はいくら稼ぐ！」ということを作文に書き、それを達成するにはどうすればいいかを考えながら、毎日、トレーニングをしていたそうです。

一方、**漂流型**はさまざまな経験を通して成功と挫折を繰り返し、最終的に自分の目標を見つけ、それを探求していくタイプでしょうか。

ノーベル賞を受賞した山中伸弥先生などは典型的な漂流型の方ではないでしょうか。

山中先生は私と同じ整形外科医ですが、手術の時などは「じゃまなか」と言われるほど、整形外科医としてのセンスはなかったという話を聞いたことがあります。

しかし、研究の分野において世界を驚嘆させたＩＰＳ細胞を発表し、ノーベル賞を受賞したのですから、「じゃまなか」なんてとんでもないことです。

皆さんはどちらのタイプでしょうか？

人生を漂流しているタイプの方が多いかもしれませんね。実は私もそうなのですが、達成型でも漂流型でも夢の叶え方はどちらでもいいと思っています。

大事なことは、**「いま自分に起きていることは、すべて夢を実現させるために必然的に起きていることなんだ」**と気づくことです。

そのためにも、まずは夢やイメージの設定が必要です。

できれば、手帳に自分の手で筆圧を感じながら書き込むといいです。そうすることで、いまは漂流しているあなたの目の先に、新しい未来が少しずつ見えてくるはずです。

自分の理想の未来を想像しよう

開業後、しくじり続けたダメダメ院長だった私だからこそ分かることがあります。

起きたことすべてが、必然でした。

「あのつらい出来事があったから、今がある」というより、もっとポジティブに捉えられるようになりました。

「良い未来を達成するためにはつらいことも必要。だから、それがいま起きている」

そうなんです、良い未来が必ず達成できると信じていれば、そのためにさまざまなことが起きてきます……そういうことなのです。

「未来から時間が流れてくる」と言った方がいいかもしれません。

そういう感覚でいると、自分の周囲で起きる出来事への見方が変わってきます。

それほど悩む必要はないんです。**「ただ、今を生きればいい」**のです。

ただ、未来から勝手に時間が流れてくることはありません。理想の未来をしっかりとイメージし、「絶対に達成できる！」と信じきってください。

それによって、理想の未来の時間が引き寄せられ、自分の方に流れてきます。

5年後の自分とは？

「狂気。それは同じことを繰り返し行ない、違う結果を予期すること」

これは、物理学者のアルベルト・アインシュタインの言葉です。同じことだけを続けていて、違う結果を予期することのバカバカしさを言ったのだと思います。

たしかに、同じことを続けているだけでは1年後も5年後も10年後もおそらく大きく変わることはないでしょう。むしろ、悪くなる可能性すらあります。

まず、**5年後の自分をイメージする**ことを強くオススメします。1年後では短すぎですし、3年後でもまだ急ぎすぎです。

でも、5年後であれば何かしらのことができるはずです。5年後の自分、家族、仕事場をイメージしてみてください。

イメージしたものが、ある程度明確になってきたら、**「逆算して、5年後にそうなるた**

めにはどうしたらいいのか？」を考えてください。

明確に鮮明にイメージすればするほど、解決策が見つけられるようになります。未来を決めて、現在を生きる。そのために過去がある……そんな時間軸です。

笑わないでいただきたいのですが、私の5年後のイメージの1つに、「ベストセラーを出している」というのがありました。

5年前は、文章を書いて出版など夢物語のような感じでした。でも、いまこの本を執筆しています。ベストセラーになるかどうかは分かりませんが（笑）、現実に今こうして本を出版しようとしています。夢物語ではなくなっているわけです。

ぜひ、5年後の自分を明確に、そして鮮明にイメージしてみてください。人間の潜在意識の力は驚くべきものがありますよ。

「快適な状態」を理想の自分の姿に近づける

「コンフォートゾーン」（快適な状態）という言葉をご存知でしょうか？　人は誰しも、知らず知らずにコンフォートゾーンに戻ろうとするという法則です。

私の場合、整形外科の診療を続けることがコンフォートゾーン（快適な状態）でした。

しかし、数々の失敗を経てたどり着いた結論は、「コンフォートゾーンを理想の自分の姿に近づける」ことでした。ですので、自分に次のように問いかけることをオススメします。

「今、自分がしていることは、本当に理想の自分に近づく方法なんだろうか？」

答えが「ノー！」ならば、今している努力はすぐにやめた方がいいです。

私はコンフォートゾーンを理想の自分の姿に変えることで、整形外科の診療だけを続けることはやめ、内科や美容皮膚科の領域への挑戦を始めました。

コンフォートゾーンを変えると、周囲に必ずさまざまな変化が起きてきます。

それはあなた自身の周波数が変わるからです。同じ周波数の出来事をあなた自身が引き寄せるようになります。

不思議なことですが、宇宙の原理はみな同じようです。

同じ周波数のものが振動し、共鳴し、引き寄せ合います。私たちはそういう宇宙に生きています。

だったら、そういう宇宙の法則を利用しない手はありません。最大限に利用させてもらいましょう。

幸運の前髪をつかんだら、決して手放さない

イタリアのことわざに、「幸運の女神には前髪しかない（後ろ髪がない）。だからチャンスがやって来たら、逃さずつかめ」というのがあります。

でも、すぐそばに幸運の前髪があることにすら気づかない人も多いようです。

運がいい人というのは、そばにある幸運に気づける人のことなのかもしれません。

あるセミナーで、「会計士の方と組んで事業をやりたいんですけど、なかなかそういう方と出会えないんですよ」と愚痴っぽく質問をする方がいました。

質問が終わるとすぐに講師の方が、「あなたの後ろに座っている方は有名な会計士の方ですよ」と紹介していました。

このように、**人生は身のまわりに偶然と幸運が散りばめられています。**

では、幸運の前髪を見つけて、それをつかむためにはどうすればいいのでしょうか？

本書では何度も説明させていただきますが、そのためには、まずは**自分を整える**ことです。

整えるというのは準備をしておいて、どんな状況でも対応できるようにしておくということです。

自分の体・技・心（まず始発から2番目の電車に乗って体を整えるので、心・技・体でなく、体・技・心の順番です）を高めておけば、幸運の前髪をつかみやすくなります。

そして、「チャンスの前髪をつかんだら絶対に手離さない」という強い気持ちを忘れないでください。

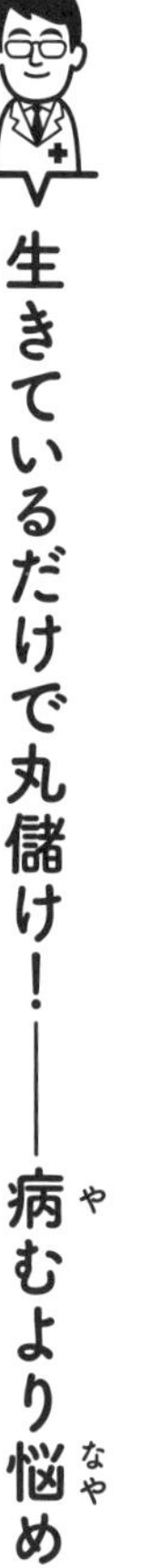

生きているだけで丸儲け！──病むより悩め

「あれもない、これもない」

ないない精神でいると、自分に足りないことばかりが目についてきます。

しかし、「生きているだけで丸儲け！」とポジティブに考える癖を付ければ、さまざまな苦難も楽しくなってくるものです。

もちろん、人は日々、悩みます。でも、それこそが生きていることの正常な反応ではないでしょうか？

健康でさえいれば、なんとかなるものです。どんな苦境でも「生きているだけで丸儲け！」と思えば、挑戦を続けることができます。

挑戦を続けるような人生を歩めたら、自分自身に努力賞をあげてもいいと思います。では、努力賞をもらうためにはどうしたらいいでしょうか？

努力賞の最低条件は当然ながら、**努力を続ける**ことです。

私は人世の努力賞をもらうための秘訣は、「病むより悩む」ことだと思っています。

どうしても思うようにいかない時、心が折れて病むことってありますよね。私もひどく心が病んで、荒んでいた時期がありました。

しかし、「今の状態は自分の理想とする未来が実現するための過程に過ぎない」と考えるようにしてからは、「病む」ことはなくなり、前向きに「悩む」ようにしました。

やむとなやむ……たった一字違いですが、それによって未来がまったく違ってきます。

理想とする未来の実現のために、病むのではなく、どんどん前向きに悩んでいきましょう。

できれば、お付き合いする仲間もポジティブな方を選びましょう。愚痴、不平、不満、文句、怒りといった話ばかりになるグループからは、思い切って飛び出してしまった方がいいかもしれません。

あなたは、あなたの言葉とまわりの人の言葉で出来ています。少しだけ勇気を出せばいいのです。

付き合う人を変えて、ポジティブな人たちとお付き合いをするようになると、そういう人たちと波動が共鳴し、あなたの波動も上がっていきますよ。

居酒屋で風俗嬢と出会って…

　ある夏の暑い日のことでした。場所は、東京・新橋――。その頃の私は、大学病院の医局に所属しながら地方の病院を転々としていました。

　先の見えない状況を少しでも忘れたかったのでしょう、仕事の帰りにときどき行っていた新橋の立ち飲み屋にフラッと寄りました。

　焼き鳥を頼み、焼酎を飲んでほろ酔い気分になっていると、ある女性に話しかけられました。

「お兄さん……ずいぶん怖い顔して飲んでるねぇ」

　女性は30代前半でしょうか、色白でおかっぱ頭……。立ち飲み屋で女性に話しかけられたのは初めてのことでした。

　でも、私も酔っていたこともあり、よく知りもしない女性に色々と仕事の不満をぶちまけてしまいました。

「転勤が多いし、ドサ回りのような人生にホトホト疲れてるんだ……」

「毎日、疲れがとれないから、たしかに怖い顔して飲んでるかもしれないなぁ」

まさに、酔っ払った勢いで上司の不満を言いまくるサラリーマンのような状態だったことでしょう。

と、その女性がこんなことを言いました。

「ふぅん、そうなんだ……ところでお兄さん、サイトウ・ヒトリさんって知ってる？」

「サイトウ・ヒトリさん？（何を言ってんだ、この女は？）知りませんね、誰それ？」

「会社を経営していて、納税額日本一にもなった大富豪よ。私、近くの風俗店で働いてんだけど、ヒトリさんの本を読んで、**幸せ言葉を使うようにしたら、毎日が充実してきたの。**お兄さんも本屋さんでヒトリさんの本を買って帰りな！」

人生への絶望感にさいなまれていた私は、そのサイトウ・ヒトリさんとやらの人の本を手に入れようと、立ち飲み屋を出てすぐ、近くの書店に駆け込みました。

サイトウ・ヒトリ？……ありました、棚に斎藤一人さんの『ツイてる！』という本がありました。

帰宅後、さっそく読んでみたのですが、正直な話、少し拍子抜けしました

「とにかく、ツイてるとひたすらつぶやくだけで幸せになれる」という内容なのです。

医師9年目、妻子持ちの私のような人間には何となくピンと来ません。「ツイてる」と幸せ言葉をつぶやくだけで幸せになれる……?

しかし、当時の私は何しろ人生のどん底にいましたから、「なんでもいいや、ものは試しだ!」とばかり、翌日からやってみることにしました。

(巻末・参考図書149ページ参照)

300回のハッピー・カウンティング

私は意外に凝り性のところがあります。

銀座の伊東屋で手数式カウンターを購入し、そのカウンターを持ち歩いて、「ツイてる」とつぶやくたびにカウンターを押すことにしたのです。

「ツイてる、ツイてる、ツイてる」と3回続けてもいいそうで、一日最低100カウントを目標にしました。

最初は結構大変でしたが、3週間ほど続けているうちに「つぶやく」のが習慣になっていきました。

最高で一日３００カウントぐらいまでやっていたでしょうか？　このつぶやき習慣を私は**ハッピー・カウンティング**と命名し、毎日、続けました。

ハッピー・カウンティングが習慣になるにつれ、少しずつ変化が現れてきました。

まず、大学病院に呼び戻されることになったのです。医師になって9年経っていましたが、最初の半年しか大学病院には勤務していません。それなのに大学病院で勤務できるというのは奇跡的なことです。

そのことは妻もとても喜んでくれました。

でもまだ、ハッピー・カウンティングの効果には半信半疑でした。しかし、大学病院に行くようになってからも**ツイてる**出来事が次々と起きていきます。

さすがの私も、「この効果はハッピー・カウンティングのおかげかも」と思うようになりました。

幸せ言葉には、「ツイてる」、「ありがとうございます」、「幸せです」、「感謝しています」などがあります。

1日３００回ぐらい幸せ言葉をつぶやいていると、脳の回路が変わっていくようで、少

しずつ気持ちも良くなっていきます。

「本当にツイてるんだ」、「すべてに感謝しよう」、「私って幸せ」などとつぶやいていると、違う自分になっていくような感覚になります。

誤解を恐れずに言えば、いい意味で自分の脳をだましているのかもしれません。でも、そうでもしないと今までとは違う未来はなかなか訪れてくれないのかもしれませんね。

このつぶやき習慣は今でも続けています。クリニックのスタッフにも手数式カウンターを配り、ハッピー・カウンティングをしてもらっています。

ひょっとして迷惑がっているスタッフもいるかもですが、それでもいいんです、スタッフにもぜひ幸せになってほしいですから。

人生のテーマを「挑戦」に

クリニックの美容外来に訪れる方の中には、70歳を超えて始めてお顔のレーザー治療を受ける方もおられます。

最先端の医療でお肌が若返るのがとても楽しそうで、来院した時からワクワクした表情をされています。そのような方は洋服も明るく、髪型もしっかりセットされ、姿勢も美しいです。

いつもワクワクして生きていきたいですよね。でも、どうして私たちはワクワクすると思えるようなことでもすぐに行動に移せないのでしょうか？

それは、現状を維持しようとする**現状維持機能**が働くからです。

ですから、現状維持にはあまりこだわらず常に新しいことに挑戦することを習慣にしましょう。人生のテーマを**挑戦**にした時から、失敗はなくなります。

挑戦すること自体が大事なのですから、仮にうまくいかなくても、そのことを学習し、また挑戦すればいいのです。そういう人生の方が楽しいに決まっています。

挑戦を続けると言うと、「障害物競争のような毎日だろうなぁ」と思われるかもしれませんが、それに慣れてくると障害物を倒しながら進んでいくこと自体が快感のようになり、それこそ毎日がワクワクしてきますよ。

ワクワクすることか怖いことしかしない

先の見えない状態の中、あるコンサルタントの方に経営相談をしたことがあります。相談料は50万円です。しかし、半年の契約後も何の成果はなく、散々な結果に終わってしまいました。

そんな頃に、ポッドキャスト（インターネットラジオ・インターネットテレビの一種）でベストセラー作家の本田健さんの『人生相談 Dear Ken』を聴く機会がありました。「これって、自分のために言ってくれてるんじゃないか？」というぐらいの「神回」のような時があるんです。ちょうど悩んでいる事柄とぴったりと合ったのでしょう。

その時に聴いた健さんの言葉に勇気づけられました。

「ワクワクすることか、怖いことしかしない」

ここでもワクワクというキーワードが出てきました。

健さんの言うのは、**「たった一度の人生なんだから、ワクワクすることか怖いことしかしないと、決めちゃいなよ」**ということだろうと思います。

ぜひ、怖いことにも挑戦してみてください。そして、どうせ失敗するなら、「いつか話のネタにしてやろう」というぐらいの失敗をしましょう。

そんな気持ちでいると、人生がなんだかとても楽しく思えるようになってきます。

「バカになれる才能」を開花させよう

昔、母校の大学の医学部入試の時の2次面接で聞かれたことをはっきり覚えています。

「君の特技はなんだね？」と、面接官だった消化器外科の教授に聞かれたので、私は大きな声で答えました。

「バカになれる才能です！」

答えが面白かったのでしょうか、教授と面接時間を超えて話し込むことになりました。私はクリニック院長になってからも、このバカになれる才能をいかんなく発揮してきました。それが倒産寸前までいった一因かもしれませんが、でも、知ってるふりをするよりはいいじゃないですか。

バカになれる才能は誰にでもあるんです。見栄を張ったり人と比べることをやめると、その才能が開花します。朝一番のトイレ掃除も自分の心をクリーンにして、バカになれる才能を開花させてくれたのかもしれません。

バカになれる才能には、**「バカになれるほど、一つのことに打ち込みなさい」**という意味も込められています。

バカになれるというのは意外に立派な才能ではないかと、私は今は自負していますよ。

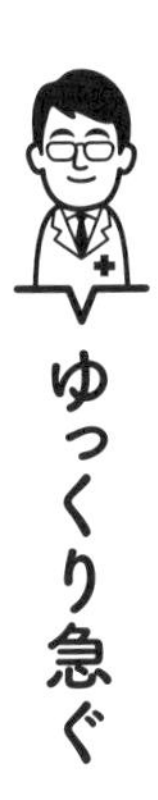

ゆっくり急ぐ

昔、大学の整形外科の先生にはこう教わりました。

「手術はゆっくり急ぐようにやるんだ」

ゆっくり急ぐ？　最初は意味が分かりませんでしたが、手術を重ねるうちにだんだんと分かるようになってくるのが不思議です。要するに、いかに自分のペースで進めるかということなんです。

ゆっくりが習慣化すると、自律神経が安定し、思考、呼吸、姿勢、言葉づかい、歩き方、体調が良い方向に向かいます。体のリラックスを支配する副交感神経が優位になるからです。

すると、急ぐことも大丈夫になってきます。副交感神経が優位の状態で急ぐことは、いわゆるゾーンに入りやすい状態になるわけです。ゾーンの状態になると、疲れをあまり感じなくなってきます。

そこで大事なのが、呼吸法です。

後ほどご紹介する腹圧呼吸を意識し、**ゆっくりと「今ここ」にだけに集中する**マインドフルネスの呼吸法でゾーンに入りやすくなります。

「ゆっくり急ぐ」

最初は意味が分からなかったのですが、今はとても奥深い言葉だと思っています。

（注：腹圧呼吸に関しては119〜120ページ参照）

ジョウロですべての人に優しい水を

多くの人が、仕事をしながらも収入そのものというよりは、やりがいや休みを重視する時代になってきています。

コロナ禍によって時代はさらに大きく変わったような気がします。

「毎日、目標を決めて仕事もがんばる！」というのは、もちろんいいことなのですが、だからといって仕事場が殺伐としたものになってはいけません。

私のクリニックでも人間関係が原因で退職した方がいました。

どの職場でもそういうことはあると思います。職場の雰囲気があまり良くならず、なかなか波に乗れない時があります。職場の雰囲気を良くしていく方法はあるのでしょうか？

私はそういう時、如雨露（ジョウロ）を使っています。

「えぇ？　植物に水をあげる、あのジョウロ？」

はい、あのジョウロです。ただ、そのジョウロは目には見えないジョウロです。目に見えないジョウロを目に見えない水でいっぱいに満たし、持ち歩きます。

そして、患者さん、スタッフ、家族、友人……すべての人の頭の上からそのジョウロでゆっくり水をかけていきます。

これは、あるセミナーワークで教わったことなのですが、別にジョウロでいたずらをするのではありません（笑）

ジョウロでかける水の正体は、優しさです。優しい水を大事な人たちの頭にゆっくりかけていきます。

患者さんからの痛みの相談、スタッフからの人間関係やお金の相談、時には妻の愚痴なども。そういう時はジョウロを満杯にし、その人の頭に優しい水を……。

すると、あら不思議！　その優しい水が自分に返ってきます。植物に話しかけると、優しい気持ちになりますよね、あれと一緒です。

優しい気持ちでジョウロに愛を満たし、それをかけてあげるだけで職場や家庭の波動が上がります。実は、夫婦間でも優しいジョウロの水はとても効果的です。

準備するものは何もいりません。手に優しさで満たされたジョウロを持つだけです。

皆さんも遠慮せず、大事な方の頭に優しさのジョウロの水をかけてあげてください。

宇宙の法則 22：78

皆さんは、「宇宙の法則 22：78」というのをご存知でしょうか？

この世の物質の構成は、22：78の割合で構成されているそうです。

例えば、大気は窒素が78％、酸素・二酸化炭素・その他の気体が22％です。人体の構成も水が78％、その他の物質が22％。

そのバランスが破綻すると、大気も人体も不安定になります。それが宇宙の法則だそうです。

その法則を人生に、そして仕事に当てはまるとどうなるでしょうか？

私はこの「22：78」の法則を信じて、経営にも応用してきました。

具体的にはクリニックの保険診療と自由診療を完全に別のフロアで分けて行ない、それぞれの目的に応じた高度な医療を提供するようにしました。時には、自由診療の22％の人がその日の売り上げの78％を占めることもあるほどです。

他にもさまざまな状況で、この「22：78の法則」を活用させてもらっています。

この法則は人生の中でも絶対に生かせます。意外とも思えるような法則なのですが、いいヒントになることがとても多いのです。

皆さんも、この不思議な宇宙の法則をぜひ活用してみてください！

第二章

Chapter 2

ビジネスパーソン、起業家に贈る 人生の成幸のためのメッセージ

第一章では、人間としての生き方のようなことを書かせていただきましたが、本章では、クリニック経営に苦しんだ私の経験を通して、日々、お仕事と格闘されているビジネスパーソンや起業家の方々へ、**成幸**のための私なりのメッセージを伝えさせていただきます。

コロナ禍の教訓——何かをやめると、何かが生まれる

最初に、今年起きた人類史上最大の災害ともいえるコロナウィルスの影響についてお話をしないわけにはいかないと思います。

皆さんも大変なご苦労をされたのではないでしょうか。

私のクリニックも例に漏れず、開業以来、最大のピンチを迎えました。しかし、私は**第一期の人生の棚卸しができた**と前向きに考えるようにしました。

コロナ禍で学ばせていただいたのは、私にとって小さなものではありませんでした。

それは、「何かをやめると、何かが生まれる」でした。

ご存知のように2020年4月7日、日本政府より緊急事態宣言が発令されましたが、その前月の3月、私のクリニックは過去最高の売り上げを記録していました。

クリニックは飛ぶ鳥を落とすような勢いでしたから、「緊急事態宣言が発令されても大きな影響はないだろう」と甘く見ていました。

しかし、緊急事態宣言後、まったく患者さんが途絶えました……。診療予約も相次いでキャンセル。飛ぶ鳥を落とすどころか、クリニックでは閑古鳥が鳴き始めました。

追い討ちをかけるように、クリニック周辺のオフィスもリモートワークが多くなり、今までは1カ月分の処方で来ていただいた患者さんが、3カ月分の長期処方を希望されるようになりました。

クリニック経営には痛手ですが、あの情勢下では長期処方は避けられません。長期処方を承認したことにより、クリニック経営は負のサイクルに突入していきました。

クリニックは都心にありますので、土曜日には人口が極端に少なくなります。そこで、土曜日には近くの訪問診療専門の医療法人と連携し、整形外科の訪問診療を担当していました。

経営危機に直面した場合、スタッフの給与をお支払いするだけでも精一杯になることが起きることも想定し、保険のつもりで土曜日の訪問診療をしていたわけです。

緊急事態宣言が発令してから2週間した頃でしょうか、その医療法人の担当者から夜中に連絡がありました。

「訪問診療先からコロナの感染防止のため、訪問を拒否される案件が続いています。経営的に厳しくなりましたので、明日から、古賀先生、来なくていいです」

「……クビですか？」

大変なことになりました、大ピンチです。**しかし、私は不思議なことに落ち込んではいませんでした。そんな自分に驚いてもいました。**

開業以来、苦労の連続でしたから、慣れっこになっていたのかもしれません。

スペインバルの惣菜の奇跡

クビの連絡を受け、「さて、これからどうしようか……」と考えながらクリニックの戸締りをし、帰路に着きました。

めっきり客足が途絶えた隣のスペインバルの前では、若い女性が大きな声で惣菜を売っています。通り過ぎ、横断歩道を渡ってからチラッと振り返りました。でも、惣菜を買っている人は誰もいません。

いつもの私なら、「俺も今日クビになったし、せちがらい世の中になったもんだなぁ」とでもぼやきながら、そのまま帰路に着いていたでしょう。しかし、その日は違いました。

「売り上げの減少で悩んでいる人がいっぱいいるぞ」

「助けるつもりで惣菜を買ってあげなさい。お前はまだまだ恵まれてるよ」

そういう声が聞こえたような気がしました。

私は引き返し、スペインバルの惣菜を3千円分ほど購入しました。その時の売り子の若い女性の言葉は今でもよく覚えています。

「3千円の売り上げがこんなに嬉しいことはないです。ありがとうございます!!」

もちろん、その夜は家族でスペインバルの惣菜を楽しみました。惣菜をいただきながら、自分自身は絶望しているのに、気持ち良くお金を使うことができたことに少し驚いていました。

その翌日——。

一つ目の奇跡が起きました。東京・高輪の母のマンションの売却をしていましたが、担当の不動産屋さんから電話があり、「購入をあきらめていた方だったのですが、古賀さんの希望額で購入したいという連絡がありました」と言うのです。

私の希望額での売却事例は前例がなく、「絶対無理です」と担当の方に言われていたのにです。

「これはすごいことが起きた」と思いました。そして、私は感じていました。

「あのスペインバルの惣菜のおかげだ！」

二つ目の奇跡は、私の大学の先輩で国会議員でもある先生とのご縁でした。その先輩から「国会議員の某先生を診てくれないか」と頼まれ、国会の昼休みの時間にこちらの昼休みを返上して診療をさせていただいておりました。

土曜日の訪問診療がクビになったし、さて、どこか非常勤で働けるところはないかなぁとネットの求人票を見ていると、なんとその先輩のクリニックが土曜日限定で整形外科専門医を募集しているではありませんか！　しかも、訪問診療です。

「こんなことがあるのか？」と思いつつ、先輩にすぐに電話したところ、「ぜひ来てくれ！」との返事です。翌月から先輩のクリニックで働くことができるようになりました。

「こんなことって、あるんだなぁ……」

高い波長で奇跡を呼び寄せる

さらに、三つ目の奇跡が起きます。

クビになった訪問診療の医療法人から「患者さんが（あなたの）診療を受けたいと言っているので、財政的には厳しいですが、月に一度でもいいから来てくれませんか」と再雇用の提案です。

以前の私でしたら、一度はクビにされたわけですし、プライドもありますから、その提案を受けなかったかもしれません。

しかし、その頃の私はもう色々なことへの感謝の気持ちであふれていました。ですから、「喜んで！」と即答させていただきました。

「そんなの奇跡でも何でもない。ただの偶然だよ」と感じる方もいらっしゃるでしょう。でも、私にはこの三つの奇跡が偶然とはとても思えないのです。

絶対に落ち込まないようにしていたせいかもしれません。落ち込むと自分の波長が落ちていってしまいます。物質は同じ波長のものしか引き寄せませんので、落ち込んだ低い波長は、さらに低い波長の出来事を引き寄せていきます。

今回のコロナ禍において学んだこと、それは「絶対に落ち込まない」ということもあります。激動の世の中であればあるほど、それは大事です。

落ち込まないことを意識していると、色々といいことが起きてきます。なかなか難しい時もあるでしょうが、ぜひ自分の波長を高めておくように努力してください。

落ち込んでいる暇はありません。高い波長で高い波長の人やモノを引き寄せてください。**波長を高めるというのは、言いかえれば良い気分でいる**ということですから、それほど難しいことではありません。

良い気分でいる時間を増やすことを心がけていれば、高い波長を維持していくことができます。

やめる勇気

コロナ禍で学んだことのもう一つは、やめる勇気でした。

クリニックは整形外科・内科・リハビリ科・美容皮膚科を標榜していました。コロナ禍を契機に内科とリハビリ科の対面診療をやめる決断をしました。

内科をやめたのは、ＰＣＲ検査なども行なえず、治療薬もない状況でしたし、リハビリ科の診療はリハビリ室が密になると判断したからです。

そこで、予約で来ていただいている整形外科と美容皮膚科の患者様を優先させていただくことにしたのです。

もちろん、決断まではずいぶんと悩みました。幕の内弁当に例えれば、メインの肉と魚を抜くようなものですから……。

しかし、ウィズコロナに対応するためにやめることを決断したことで、新たな道が拓けました。

内科はオンライン診療の方が増加し、前年5月はゼロでしたが、２０２０年5月には50

件に急増しました。

また、感染を恐れて受診を控えていた方々からの往診依頼も増え、昼休みに対応したり、日曜日に対応したりと、今までにない変化が起きてきています。

「何かをやめると、何かが生まれる」

「絶対に落ち込まず、高い波長を維持する」

「やめる勇気」

今回のコロナショックにおいて、私はまたまた色々と勉強させていただきました。

ヴィジョンを示してください！

ここで、時計の針をググーッと10年ほど戻させていただきます。

２０１１年――。クリニック経営にいよいよ行き詰まった時でしたが、一人の女性スタッフが辞めていきました。彼女が辞めていく日に、きついひとことを言われました。

「院長からヴィジョンを聞いたことがありません。ヴィジョンを示してください！」

私はその質問に答えられず、その場に立ちすくんでいるだけでした。経営者として、まことに恥ずかしい姿をさらしてしまったわけです。さすがの私も、しばらくは大反省の時を過ごしました。

そして、意を決してクリニックのヴィジョンづくりに真剣に取り組み、次のようなことをヴィジョンとして発表しました。

「整形外科と抗加齢医学を融合し、スタッフも患者さんもワクワクするようなクリニックを創ること」

今は、そのヴィジョンに沿った行動を常に心がけています。患者さんファースト、スタッフファーストを意識し、最先端の治療を行なう。そのために全予約制にもしました。

それによって、患者さんは質の高い診療を受けられるようになりましたし、スタッフの残業も減りました。

それもこれも、辞めていったスタッフの厳しいひとことのおかげと、今は感謝しています。

ヴィジョンは、起業家にとっての命です。くれぐれも私のように、「ヴィジョンを示してください！」などと厳しいひとことを言われないようにしてください。

まずいラーメンを創り続けるんですか？

あるマーケティングのセミナーで、強く記憶に残った言葉がありました。

「売れる人と売れない人の違い。それは、売れる人は**昔、取った杵柄で生きていない人**です。常に自分をアップデートしている人が売れる人！」

私の昔取った杵柄は、整形外科専門医というものでした。しかし、クリニック経営が不安定な時期が続き、昔の杵柄にだけ頼ってはいられなくなっていました。

別のセミナーでは、主催者にこうも言われました。

「まずいラーメンを創り続けるんですか？」

仕事にあまりワクワクもせず、疲弊するだけの毎日でしたから、きっと私はひどく浮かない表情をしていたのでしょう。

もちろん、そのまま続けるのもありでしたでしょう。まずいラーメンでもお客さんは一応はお金は払ってくれますから……。

でも、一度きりの人生です。どうせやるなら、まずいラーメン店より行列のできるようなラーメン屋さんをやりたいものです。

そこで一大決心をし、昔取った杵柄とはまったく違う、美容皮膚科の分野に挑戦してみることにしました。

「経営はマーケティング」と言われます。正直な話、私はマーケティングのことなど何も知らずに開業しました。

そのため、大きな失敗をし、請求書とのにらめっこが続きました。マーケティングのことを理解していれば、あんな苦労はしなくても済んだはずです。

「マーケティングとは、自分の強みを生かし、なるべく多くの飢えた狼を見つけること」

そんな話もセミナーで聞くことができました。ずいぶんと色々なセミナーに通ってますでしょ？

でも、すべてが素晴らしいセミナーだったというわけではありませんよ。なかには、講師がビールを飲みながら参加者に説教をして絡んでくるという、とんでもないセミナーもありました。

それはともかく、マーケティングは「飢えた狼を見つけること」というのを理解できていないと、開業当初の私のように「エスキモーに氷を売る」ようなことをしてしまいます。

そこで、「私にとって飢えた狼とは何だろう?」と真剣に考えたあげく、整形外科専門医、抗加齢医学専門医という強みを生かして、ダイエット外来を始めてみました。

そこでの飢えた狼は、他院で「腰痛、膝痛は太りすぎが原因だから痩せなさい」と言われて困っている患者さんたちです。

痩せる方法が分かっていれば、誰も悩みはしません。「そのような方々に、結果の出るダイエット法をオススメすれば外来数が増えるのではないか?」と考えついたわけです。

皆さんも、自分の仕事における飢えた狼とはどんな人たちなのかを探して、見つけ出すことをオススメします。

儲という字は「信者」と書きます

2009年のリーマンショック、2011年の東日本大震災などなど……「もうダメかも……」というところまで何度も行きました。

「クリニックは儲かるんだろう?」と思われる方が多いかもしれませんが、正確に言えば、

「魅力のあるクリニックは儲かる」ということです。

私は医療経営者向けのセミナーで講師として話をする時、聴衆の方々にこんな話をします。

「皆さん、儲かるという字はどう書きますか?」

儲という字は信者と書きます。そうです、どんな業種でも信者を創れば、儲かるのです。

「いかに熱狂的な信者を創るか?」がビジネスをする上での**成幸**の秘訣と言えます。

仮に、前の節でご紹介した飢えた狼を探せたとします。あとはその飢えた狼に喜んでもらえばいいのです。

お客さんは喜びを求めています。例えば、お客様の誕生日にスペシャルメニューで感謝のおもてなし、それだけでいっぺんにあなたのお店のファンになってくれ、あなたの信者になってくれます、

信者が増えてきたら、今度はあなたのファンクラブだって創れます。できれば、**「自分のファンクラブを創っちゃう」**ぐらいの気持ちでいたいものです。

私のクリニックでは、「院長のスペシャルコース」という美容メニューを作っています。

そのメニューは常連さんだけにご提供しているもので、来院のたびに私からの手紙、今ま

での治療経過、今後の予定などを書いたものをお渡しします。

多い時は1日5通ぐらい、そういった手紙を書きますが、どの患者さんも手紙を受け取るととても喜んでいただけます。「自分だけのメニューを一生懸命、考えてくれているんだ」と感じてもらえるからでしょうか。

皆さんもぜひ、ご自分の信者、そしてファンクラブの会員をどんどん増やしていってください。

どの分野で一番になりますか？

私が尊敬する経営者である熊谷正寿さんは、**「一番になること以外はしないと決めなさい」**と述べていらっしゃいます。

その分野で一番にならないと、事業はなかなかうまくいかないよという意味でしょうね。とはいっても、一番になれる分野を探すというのは難しいものです。

私も試行錯誤し、「カラダの痛み外来」、「アンチエイジング外来」、「腰痛ダイエット外来」などなど、色々とチャレンジしてみましたが、「この分野は一番だ！」と自負できるまではなかなか行けません。

でも、**私は失敗の数には自信があります。**多くの失敗は決して無駄にはなっていません。経験というすばらしい財産が、今は私の手元にあります。その経験値が色々な決断の際に役立っています。

コロナ禍により社会の意識が大きく変化したのを機に、ひょっとしたら一番になれるかもという分野が出てきました。

「オンライン診療に関しては、整形外科分野の中では一番になっているかもしれない」と今は自負しているところです。早くからオンライン診療のシステムを整え、準備は進めていましたが、それが結果的に少しずつ機能し始めたようです。

正直な話、オンライン診療がこんなに発展するとは思っていませんでしたが、コロナ禍による影響であることは間違いありません。こんな言い方をしていいかどうか分かりませんが、コロナ禍がうちのクリニックにとってはチャンスになったのかもしれません。

チャンスはどこに転がっているか分かりません。そのチャンスを絶対に逃さないためにも、一番になれる分野をいつも探していたいものです。

起業のポイントは「立地、立地、立地！」

「俺（私）がやるんだから、多少立地が悪くてもお客さんは来てくれるだろう」と、私たちは立地を甘く考えがちです。でも、断言できます。

あなたがよほどの**強み**でもお持ちでない限り、それでは必ず失敗します。

強みということについて少し考えてみたいと思います。

例えば、私たちのような医療業界でしたら、「自分にしかできない治療を提供する」。飲食業でしたら、「ミシュランから星をもらった」。美容業界でしたら、「（自分は）すごいイケメンで、ヘアーカットコンクールで優勝したこともある！」などなど。

そういったものすごい強みがあればいいんですが、現実はそう簡単ではありません。

かく言う私も、たいした強みを持っているわけでもないのに、「自分ならできる」と勘違いし、住宅街でするような整形外科外来のビジネスモデルを、都心のオフィス街で展開してしまいました。

「（患者さんは）電車に乗ってでも来てくれるだろう。少しぐらい遠くても来てくれるはずだ」

とんでもありません！　クリニックの閑古鳥状態は3年間、続きました……。その間にも設備投資の返済は待ったなしで訪れ、請求書との格闘、預金通帳とのにらめっこが3年間の私の日課でした。

ですから、「起業のポイントは？」といま聞かれたら、迷うことなく答えます。

「1に立地、2に立地、3に立地！」

口コミは「神の声」

ある時、従来の整形外科とは一線を画したクリニックを創ろうと考え、インターネットのホームページを刷新しました。

整形外科に関する記載はほんの数行だけで、ピンク色を基調とした女性を強く意識したものにしました。

すると、クリニックを訪れる方々の層が変わってきました。ホームページ刷新後は「(私に）会いたい」と言って来てくれる方も多くなりました。

そして、最近はインターネットの口コミを読まれてから来院を判断される方が増えています。**当然、その口コミにはネガティブなものもあります。でも、だからといって腹を立ててはいけません。**

私のクリニックもさまざまネガティブなことを書かれたことがあります。しかし、それが単なる誹謗中傷ではない場合は、ネガティブなものの方がポジティブな口コミより学べることがあります。

逆に怖いのは、ユーザーの印象にまったく気づかずにいることの方かもしれません。

私は、口コミは「神の声」と考えるようになりました。**良い方向に向かうためのアドバイスと捉えましょう！**

いい評価に越したことはありませんが、現状を良い方向に向かわせてくれるのですから、ネガティブな口コミには感謝すべきです。

それと、これだけインターネットが発達してくると、良い情報もネット経由で簡単に手に入ると思いがちです。

しかし、私は本当に良い情報を得るためには、アンテナを広げ、実社会のネットワークに参加しないと得られないと思っています。

お金持ちにはお金持ちのネットワークがあります。開業医には開業医のネットワーク、不動産投資家には不動産投資家のネットワークがあります。そのネットワークに勇気を持って参加してみてください。

まずは、とりあえず参加しましょう、あまり過大な期待はせずに……。

本を読んでも役立ったページは1%ぐらいということはいくらでもありますし、私は参加するセミナーには1%程度の期待しか持たないようにしています。

どちらにしても、アンテナはなるべく広げておきましょう。**意外な場所が情報アンテナになることもあります。**

私の娘は、カフェでの他人の会話を聞いてきては、その内容をよく報告してくれました。

「パパ、カップルがお金のことで喧嘩していたよ」

「その次に来た人たちは、土地のことを話してた」

「喫茶店に来る人はお金の話をする人が多いね」

そんな話を聞いてからは、私も時間のある時にカフェを訪れて、聞こえてくる他のお客さまの会話に、失礼ながらそれとなく耳を傾けることがあります。

すると、たしかに娘の言うように、実にさまざまな悩み、不平不満、楽しかったこと、つまらなかったことが聞こえてきます。

まさに世相に合ったお話ばかりですし、そんな話の中に仕事上の大きなヒントになったものもあります。

インターネットではなくても、情報のアンテナは意外な場所にもあります。あなたなりの情報アンテナのツールを探してみてください。

コンセプトは「ハッピークリニック」

作家の本田健さんは、「お金を支払う時もありがとう、受け取る時もありがとうという思いを乗せるのがhappy money（ハッピーマネー）」ということを仰っています。

クリニック開業時の苦境を乗り越えつつある時、やっと**「ハッピーマネー」**が流れ始めたような気がしていました。

そこで、私はクリニックの新しいコンセプトを考え、ハッピークリニックとしました。

「まず自分を幸せに、家族を幸せに、スタッフを幸せに、患者さんを幸せに」

ということを目標に定めました。お客さんに「ありがとう」と言ってもらえ、「ありがとう」とお金を払ってもらえば、お金は自然と自分に回ってくるものなんです。

そして、クリニックのコンセプトをお客さんやスタッフにうまく伝えられるように、ゆるキャラを創ってみました。それが、私のクリニックのゆるキャラ**8(ハ)ッピーくん**です。

ハッピークリニックの理念を8ッピーくんに重ねたわけですが、どうです、可愛いでしょう?

「ゆるキャラグランプリ」を獲るようなキャラを創るのは大変でしょうが、8ッピーくんは業務委託サイトのランサーズで創りました。

▲8(ハ)ッピーくん

他にも、ココナラなど専門家とつながるサイトも今は豊富にありますし、アイデアがあれば意外に簡単に創れますよ。ぜひ皆さんも、お仕事のゆるキャラ創りにトライしてみてください。

「ウィスキーのウィ」が最高の笑顔

スタッフは経営者の顔色をいつも見ています。

経営者が浮かない顔でいると、「この会社、本当に大丈夫?」とスタッフも心配になります。最悪、辞めてしまうかもしれません。

2011年、クリニックを売却するという寸前までいった時、さぞかし私は浮かない顔をしていたのでしょう、スタッフが次々と退職していきました。

そこで、「とにかく、いつも最高の笑顔でいるようにしよう」と考え直しました。

では、最高の笑顔でいるためにはどうしたらいいのでしょうか?　ひょんなことから知り合うことができた著名な写真家に相談してみることにしました。

私自身がいちばん良く見える角度、優しそうに見えるメガネや髪型などについて色々とアドバイスしてもらいましたが、私の場合は、「左斜め前を向いている時が、いちばん相手によく見えるよ」とのことでした。

でも、それまでの診察室のレイアウトですと、患者さんからは右斜めに向いた私が見えることになってしまいます。

そこで思い切って、診察室のレイアウトを大改造しました。

さらに、笑顔の作り方も教えていただきました。私の場合は左斜め前を向き、口角を「ウィスキーのウィ」と発音することで、良い笑顔になるとのことでした。

それからは、写真に写る時はいつも左斜めを向き、「ウィスキーのウィ」とつぶやき、口角を上げるようにしています。

すると、やはり変化が表れてきました。安心し納得した表情で帰られる患者さんが多くなりましたし、スタッフも以前より私に色々なことを話してくれるようになりました。それも「ウィスキーのウィ」のおかげのような気がします。

皆さんも**自分がいちばん魅力的に見える角度、安心感を与える笑顔を研究してみてください。**

別に写真家の方でなくても、身近な方に聞いてみるのもいいと思いますよ！　意外に身近にいる方が、あなたの一番すてきな顔をご存知かもしれません。

面接では「目の輝き」を

言うまでもなく、スタッフは組織にとって宝です。ですから、どういう方を採用するかはとても重要なことです。

経歴その他、採用の基準は色々あるでしょうが、私の15年間のクリニック経営の結論として、スタッフの採用は人間性で決めるべきというものです。

しかし、短い面接時間で人間性まで理解するのは簡単なことではありません。

「面接で見るのは歯並び」と書かれた本を読んだことがあり、面接時に歯並びを観察するようにしましたが、すぐにやめました。どうも歯並びと人間性はあまり関連性がないように思います。

カリスマ経営者として知られる永松茂久さんは、著書の中で**「成功するいちばんのポイ**

ントは目の輝き」と書かれています。

早速、そのアドバイスを取り入れ、面接時に相手の方の目の輝きを重視することにしました。

確かに、会社の理念に共感して面接にやって来てくれた方の目はキラキラと輝いています。面接時に目の輝きをポイントにするようになってからは、離職率は格段に低下しました。

「目は口ほどにものを言う」という諺は、ウソではありません。

遠方に行く場合は、できるだけ飛行機で

面談や電話会談がある場合は、すべてアポイントメント制にすることをおすすめします。「他の人とは、時間への観点も目指すゴールも違う！」というぐらいの強い意志を持ってください。あなたの時間を奪う「時間泥棒」とアポイントなしで面談する必要はありません。

私も自分の直感でアポイントなしで会うこともありますが、大事な話はアポイントの時間をしっかりとって、じっくりとお話しすることにしています。

始発から2番目の電車で出勤していると、時間がとても貴重なものに思えてきます。ですから、「時間泥棒！」と心の中で大声で叫べるようになります。それは、何かを成し遂げるために必要な魂の叫びかもしれません。

時間泥棒を撃退するという意味では、出張などで遠方に行く場合は、できるだけ飛行機を利用するのがベストです。

経営者であり人材育成コンサルタントの能町光香（のうまちみつか）さんは、「エグゼクティブが東京―大阪間を飛行機で移動する目的は、フライトという異空間で思考をリフレッシュするため」と仰っています。**『なぜ一流のリーダーは東京―大阪間を飛行機で移動するのか』（扶桑社BOOKS新書）**

それには私もまったく同感です。私も東京―大阪間では飛行機を利用していますが、時間の短縮と同時に、フライトという異空間は自分を「整える」こともできます。

「飛行機に乗るのは手続きが煩雑だし、手間を考えると新幹線などの交通機関がいいのでは？」

という意見もあるかもしれませんが、空港ラウンジやフライト中にアイデアが浮かぶことがあります。そもそも地上を離れるということは、飛行機に乗らない限りはありません。まさに、異空間です。

新幹線で行けるルートであっても、あえて飛行機で移動する。そうすることで心を整えることができます。

別にＪＲの営業妨害をしているわけではありませんよ。だって私は、まだガラガラの始発から２番目のＪＲの電車に毎朝、乗っていますから……。

５万７０００円の法則

起業しますと、銀行のＡＴＭに行く機会が多くなるはずです。お金は天下の回りものですから、気持ち良くお金を下ろし、気持ち良く使いたいものです。

しかし、なかなか気持ち良くお金を下ろすことができないこともあろうかと思います。

「出金してしまうとお金が減ってしまう、お金がなくなってしまう」

郵便はがき

恐縮ですが
切手をお貼り
ください

1 0 1 0 0 5 1

東京都千代田区神田神保町3-2
高橋ビル2階

株式会社 ライトワーカー

愛読者カード係 行

フリガナ		性別
お名前		男 ・ 女
年齢	歳	ご職業
ご住所	〒	
電話		
FAX		
E-mail		
お買上 書店	都道 府県　　市区 郡　　書店	

ご愛読者カード

ご購読ありがとうございました。このカードは今後の参考にさせていただきたいと思いますので、アンケートにご記入のうえ、お送りくださいますようお願いいたします。

●お買い上げいただいた本のタイトル

●この本をどこでお知りになりましたか。

1. 書店で見て
2. 知人の紹介
3. 新聞・雑誌広告で見て
4. DM
5. その他（　　　　　　　　　　　　　　　　　　　　　）

●ご購読の動機

●この本をお読みになってのご感想をお聞かせください。

●今後どのような本の出版を希望されますか？

購入申込書

本と郵便振替用紙をお送りしますので到着しだいお振込みください（送料をご負担いただきます）

書　籍　名	冊数
	冊
	冊

●弊社からのDMを送らせていただく場合がありますがよろしいでしょうか？

□はい　　□いいえ

と心配にもなります。それは仕方のないことなのかもしれませんが、少しでも不安な思いを減らす方法をご紹介します。

例えば、会社のキャッシャーの小口金一カ月分として6万円を下ろそうという時ですが、私はそういう時は5万7000円を下ろすようにしています。たった3千円の差なのですが、5万7000円だと6万円より3千円得した気分になるから不思議です。

開業当初は毎日が不安でしたが、3千円得したという感覚が心の平安につながった記憶があります。

この5万7000円の法則は今でも続けています。私生活でも、例えば3万円下ろそうと思った時は2万7000円下ろすようにしています。使いすぎの防止になりますし、銀行口座に残るという安心感も得ることができます。

たかが3千円、されど3千円です。開業当初のお金のマインドコントロールとしてオススメしたい裏技です。

第三章

Chapter 3

人生で成幸するためのちょこスピ（ちょこっとスピリチュアル）

私のクリニックは、神社への参道の途中にあり、参道を見上げると神社（市ヶ谷亀ヶ岡八幡宮）が見えます。（写真）

だからというわけでもないのでしょうが、ある時期から、この世界は見えない力、スピリチュアルなものが働いていることを強く感じるようになりました。

私は科学的な判断が求められる医師ですので、スピリチュアル的なものにはそもそも興味がなかったです

し、信じてもいませんでした。

しかし、人間が生きていく上で、また人生で**成幸**するためには、目に見えないもの、いわゆるスピリチュアルなことがそれなりに意味を持っていることもまた確かです。それらをすべて否定してしまうというのも、逆に非科学的ではないかと今は考えるようになっています。

この章では、私自身のスピリチュアルな体験、思いを、ちょこスピ（ちょこっとスピリチュアル）にお話しさせていただきます。

神さまに応援されるために

優良企業の経営者には、神社好きの方が多いらしいです。それは決して偶然ではないのでしょう。激動の時代に生き残っていくためには、変化への対応力、そして運が必要です。ですから、経営者の多くの方が運を引き寄せるためにスピリチュアル性を大事にし、神さまに応援されるような努力をしているようです。

これまでも触れてきましたように、私はクリニック開業後、しばらくの間は何をやってもうまくいきませんでした。敗北感と挫折感でいっぱいになり、まさに負け犬状態でした。でも今になってみると、完全な負け犬状態が逆に良かったのかもしれません。

「すべては自分に原因がある」

と、自分自身を見つめ直すきっかけになりました。

そして、とにかく色々な分野の本を読み漁りました。それまではあまり関心のなかったスピリチュアルな分野の書籍も手に取るようになりました。

「心が弱いからスピリチュアルに頼るんじゃないの？」などと友人に言われたりもしましたが、当時は藁でも何でもすがりたいという気持ちでしたから、何を言われても気にしている暇はありませんでした。

引き寄せ、口ぐせ、宇宙、波動、運……そういったキーワードの本を1日1冊以上、多い時は月に50冊ぐらい読んでいたでしょうか。

そんな中の一冊でしたが、作家で経営コンサルタントの道幸龍現さんは「神さまに応援される人になるためには、明るく、楽しく、おおらかに生きることが大切」と仰っていました。**（巻末・参考図書147ページ参照）**

「明るく、楽しく、おおらかなんて簡単には言うけど、私には無理！」と感じる方もいらっしゃるでしょう。でも、人生に**成幸**するためには、周囲の皆さんに応援してもらい、神さまも味方につけるぐらいの気持ちが必要です。

成幸した方の多くは「自分は運が良い」と思っているそうです。

でも、私たちはなかなかそうは思えません。人生を明るく、楽しく、おおらかに生きられないのはなぜなんでしょうか？　思った通りに物事が進まないのはなぜなんでしょうか？

私もクリニック経営の中で、思った通りに進まないことが次々と襲いかかってきました。

そんな時に、49ページでもご紹介した斎藤一人さんに、非常に印象に残る二つの言葉を教えていただきました。

一つは、**「人生には困ったことは起きない」**

どんなに解決方法が見つからないと思った困難なことも、あとで振り返ると、自分を成長させてくれるすごい意味があったりするよ、ということです。「こんな試練が、なぜ私に起きるの？」と思った時は、「困ったことは起きない！」と強く念じてください。

苦難をやり過ごしていける自分になれるように念じてください。試練というのは決して困ったことではなく、あなたを成長させてくれるものです。

そして、もう一つ。**「似合わないことは起きない」**

背筋を伸ばし、目を輝かせ、清潔な服を着ている人には驚くほどの不運は起きないそうです。

自信を持って、前向きに、明るく、楽しく、おおらかに生きていれば、それに似合う出来事が周りに起こってきます。

そういう人は神さまが応援してくれます。神さまが応援してくれるのですから、あなたに似合った良い出来事が次々と起きてきます。

神さまを感じる空間

クリニック(7階から10階)へ上がるエレベーター前は、参道の鳥居のすぐそばですから、初詣の際なども多くの参拝者の方がクリニックの前を通っていかれます。

色々な書籍を読み漁っていたある日、私は思うところあって、クリニックと自宅に神さまを感じる空間を創ることにしました。

神棚を創るというのは、神さまにお願いをするためではなく、感謝のご挨拶をするためです。

クリニックではエレベータホールの隅に神さまの空間を創り、今も毎日、ご挨拶を続けています。

神さまへのご挨拶を続けていると、自分の心が浄化されていくのが感じられます。そして、心が素直になっていくようです。

私の場合、この**心が素直になる**という状態がクリニックの運営にとても役に立ち、「試練といってもたいしたことないな」と思えるようにすらなりました。

逆に試練というより、天から何かを与えていただけたような、誰かが自分の人生を応援してくれているような、そんな気持ちになれるのです。私にとってそれは、とても大きなマインドリセットでした。

神さまに手を合わせ、誰かに応援されていることに感謝します。すると、良いことが次々と起きるようになってきました。というより、**良いことしか起きなくなった**という感じです。

一時的には「これは良くないなぁ」と思ったことも、結果的にはそうではなかったという経験を何度もしました。悪いと感じた出来事も、「結局は自分が決めた未来を実現するためにはやむをえないことだったんだ」と理解できるようになっていきました。

そういうことが、スピリチュアルに関係するものなのか、それとも宇宙の法則とでも言うものなのか私には分かりませんが、今はこう考えています。

「スピリチュアルというのは、心が弱いから頼るものではなく、自分の設定した未来を実現するために必要なツールの一つである」

「バッチ、来い！」の気持ち

私は野球が大好きで、プロ野球は大の巨人ファンです。整形外科医として勤務していた病院が読売巨人軍のチームドクターで、現役選手の手術の時には助手として担当させていただきました。それと、クリニックが東京ドームのある後楽園に近いせいもあります。

ただ、昔から野球を観ていて不思議に思うことがありました。

交代で守備についた選手のところに、なぜかボールが飛んでいきます。皆さんもこんな実況を耳にされたことありませんか？

「バッター、打った！　ボールはこのイニングから変わった○×の所へ、アウト！」

「なぜなんだろう？」とずうっと不思議でした。

しかし、皆さんはもう何となくお分かりになっているのではないでしょうか？　そうなんです、交代で守備に付いた選手はボールを引き寄せているんですね。

先発で出番のなかった選手は準備をしながら待っています。準備万端で、心を整えています。十分に体・技・心を高める準備をしている選手のところに、ボールは引き寄せられ、その選手に活躍の場が与えられます。

活躍の場というのは人生に例えて言えば、**がんばれる場所**、すなわち**運**と言ってもいいのかもしれません。

こういった引き寄せの現象は科学的に解明できるものではないでしょうが、**心を整える習慣を続けていると、運を引き寄せるということが本当にあるんです。**

「バッチ、来い！」と大きなかけ声で練習をしている野球部員の姿を見ることがあります。

人生も人間としての練習の場のようなものでしょう。

自分を整え、「バッチ、来い！」と人生に取り組んでいると、本当に運が引き寄せられてくるようです。

ですから、いつも「バッチ、来い！」の気持ちで行きましょう。

一緒に働く人は前世で8回、会っている

開業当初から勤めてくれていた事務受付のスタッフが2019年に退職しました。クリニックのために長年、献身的に貢献してくれていたので本当に感謝しかありませんでしたが、スタッフが七人しかいないクリニックではベテランスタッフが一人辞めるのは大きな痛手です。

途方にくれている時、電話がかかってきました。

「先生、また働いていいですか？」

電話をかけてきてくれたのは看護師として9年間勤めてくれたあと、数年前に退職した優秀な女性スタッフです。

大黒柱のベテランスタッフが辞めたばかりでしたので、涙が出るほど嬉しい電話でした。

「一緒に働く人は前世で8回、会っている」という話を聞いたことがあります。家族の関係であったかもしれないそうです。

一緒に働く縁というのはすごいですね、前世では家族だったのかもしれないというのですから……。私はそういうことは素直に信じるようにしています。

電話をかけてきてくれた元スタッフには、「ありがとう！」とお礼を言わせていただき、もちろん再採用を即決させていただきました。

思考は現実化する

月に一度、一人一人のスタッフとミーティングをするようにしていますが、ある時、女性スタッフの一人に「思考は現実化するよ」という話をしてみました。

しかし、彼女の答えは「それがぁ、なかなか現実化しないんですよねぇ」というものです。私が「それは、なかなか現実化しないという現実を現実にしているからだよ」と言っても彼女は半信半疑です。

しかし、彼女はエステやジムにも行くようになり、一人暮らしも始め、明らかに生活も大きく変化しているように見えていました。

思考が現実化するスイッチが入っているはずなんです。でも、当の本人は意外に気がつかないものです。

思考を現実化する方法で有名なものに、**ビジョンボード**があります。コルク板に自分が理想とする未来の写真などを貼り付け、それをいつも眺めている。すると、いつの間にかそれが実現していく……。

私も同じことをしてみましたが、これが本当に実現していくんです。

「思考が現実になる」ということも、素直に信じた方がいいと思います。

「そんなことは迷信だよ」、「そんなふうになるはずはない」と決めつけていると、そういう思考が現実化してしまいます。これもなかなか説明はできないものでしょうし、理解しがたい面があることも確かです。しかし、少なくとも信じることは簡単にできます。

「信じる者は救われる」と言います。すばらしい未来を引き寄せることができるのなら、素直に信じちゃった方が得ではないかと私は思います。

環境整備の最重要ポイントは「トイレ掃除」

45ページでも触れましたが、掃除をしていると体・技・心が整っていきます。私は朝、クリニックに着くとすぐ掃除を始め、体を動かします。それが私にとっての最高の環境整備です。

この習慣は、起業家で経営コンサルタントでもある小山昇さんを知ったことがきっかけでした。**（巻末・参考図書151ページ参照）**

この習慣は今でも続けていますが、ある場所にあるべきものがあり、周りはいつもピカピカ……。そういうことを長年、実践していると、運がついてきます。

そして、**掃除の中でもトイレ掃除はチャンピオンです。**

『トイレの神さま』というヒット曲がありましたが、「トイレには神さまがいる」っていう話、私はあながち迷信ではないと思っています。なぜ、トイレには神さまがいるのでしょうか？

経営者であり占い開運アドバイザーの崔燎平さんは、次のようなことを仰っています。

「引っ越しをすると神さまが入ってきて、それぞれの神さまが自分の部屋を決めていきます。先に入った神さまからリビングなどのいい場所をとっていくので、最後に入ってきた神さまの頃にはもうトイレしか空いていません。でも、その神さまが最後に遅れて入ってくるのは、たくさんの財を持っているので荷物が重くなっていて遅れて入ってくるのです。そのために遅く部屋に入ってくるのです」

（巻末・参考図書154ページ参照）

そんな話を聞くと、トイレには神さまが本当にいるような気になりませんか?!

また、「トイレ掃除が経営者にいいのは、経営者の心が素直になるから」という話も聞きました。これも本当にそうなんです！

朝の環境整備で体を始動し、トイレ掃除が終わる頃には確かに心が磨かれたような気持ちになります。

お話ししましたように私は巨人軍の大ファンですが、2015年にドラフト1位で巨人に入団した桜井投手は、2019年度には先発ローテンションで大活躍しました。入団後は未勝利でしたから、大きな飛躍を遂げたわけですが、昨年オフには結婚もされました。その桜井投手は、自宅でも遠征先のホテルでも毎日、起床後すぐに素手でトイレ掃除をするそうです。

彼は「素手でトイレ掃除をすると人生が変わる」と本で読み、あれこれ考えずに実践してみたそうです。

ドラフト一位で入団したにもかかわらず成績が振るわず、かなり苦悩していたのでしょう。私も長い苦悩の時期がありましたから、何かを変えようと決意した彼の気持ちはとてもよく理解できます。

素手でのトイレ掃除は、人生を変える究極の方法かもしれません。皆さんもぜひ、トイレ掃除を素手でやってみてください。最初は大変かもしれません、気が重いかもしれません。

でも、継続は力です。まずは3カ月、頑張ってみましょう。トイレの神さまがあなたのすぐそばに舞い降りてきてくれるはずです。

観葉植物のパワー

風水鑑定士の種市勝覚（たねいちしょうがく）さんのセミナーに参加したところ、「オフィスの磁場を確認してみるといい」と言われました。

早速、方位磁石を購入し、クリニックの入口から診察室までの磁場を確認してみました。入口から受付までの方位磁石は方位通りを示していましたが、診察室入り口から診察室にかけては方位磁石が回転し始めました。磁場が狂っていたのです。

それを解消するため、磁場が安定しない場所に観葉植物を置くことにしました。観葉植物はそういう時、とても役に立つようです。

初めは枯れてしまったりもしましたが、根気よく続けているうちに、方位磁石のブレが小さくなり、観葉植物も枯れなくなりました。**観葉植物が枯れないような部屋になれば、あなたの運気は安定してきたことになります。**

運気が悪いと観葉植物も元気がなくなります。ですから、水をあげながら、観葉植物に挨拶し、話しかけてください。それだけであなたの運気が上がっていきます。

できれば、葉が大きいものを選びましょう。大きな葉の観葉植物は財運を引き寄せるそうです。

何をやってもうまくいかないような流れを感じたら、オフィスなどの磁場を測り、観葉植物を置くなど何かを変えてみてください。

オフィスであれば四隅に観葉植物を配置したいですね。観葉植物のパワーは絶大です。

風水、そして龍

そのほかの風水についても色々と試してみました。

クリニックの入り口に龍の置物を配置し、水晶を回していたこともあります。その影響でしょうか（と私は考えていますが）、患者さんはじめ訪れていただく方々の空気感が良くなり、スタッフの笑顔も増えたように思います。

ただ、2～3年すると場の空気やオーラがなんとなく狂ってきているのを感じることがあります。そういう時は臨機応変に少しずつ微調整してください。

クリニックの入り口の龍の置物は、絶望的になっている時に龍に関する本を何冊か読んだのがきっかけでした。

この世界には龍使いという方がいて、龍を見ることができるそうですが、**龍は風となって存在を知らせてくれる**とのことです。それ以降、私も風に敏感になりました。

「これは間違いなく龍だ！」と思ったことが、一度あります。忘れもしない、2011年3月11日の東日本大震災の時のことです。

あの時、新宿区市ヶ谷も大きな揺れに襲われました。午後の最初の患者さんの診察をしていた私は、異常な揺れ具合のため診察を中止し、スタッフと患者さんを誘導して非常階段から避難しました。

オフィスの目の前にある神社の境内には、オフィスビルから避難してきた会社員の方々が集まってきていました。私は津波の情報を確認してから、スタッフには帰宅してもらいました。

そして、クリニックの前で「この先どうなるのだろう……」と思いを巡らしていた時、強い風が吹きました！　上から下へ、何度も丸い円を描きながら吹く風でした。

「なんて不思議な風だろう……」

あの時の風は、通常では考えられないような軌道で動いていました。

その後も、クリニックで朝一番の掃除をしていて時に窓を全開にしたりすると、あの時と同じ風が吹くことがあります。

「龍が私に存在を知らせているのかもしれない」

何かに見守られているような気持ちになり、安心感のようなものが湧いてきます。皆さんも一度、周りに吹く風を意識してみてはいかがでしょうか？

風に巻き上げられた落ち葉が不思議な軌道で舞い上がる時、龍があなたに存在を知らせてくれているのかもしれませんよ。

パワーストーンの力も恐るべし

ひょんなことからパワーストーン効果を知り、沖縄の桑原みどりさんに鑑定依頼し、一週間後にはパワーストーンを身に着けていました。

「思い立ったらすぐ行動！」が私の信条ですが、パワーストーンの力も恐るべしです。

パワーストーンを着けてまもなく、3年間売れなかった九州の実家の土地を隣りの家の方が買ってくれることになりました。さらに、新しい出会いが次々と始まり、自分の現在のステージよりも上級な方々とのお付き合いがどんどん増えていきました。

とにかく、自分の直感を信じて、風水でも龍でもパワーストーンでも藁でも何でもすがってみてください。

恥ずかしいことは何もありません。私たちの目標は、人生のトータルにおいて幸せになることです。**人生で成幸することが、私たちの究極の目標なのです。**

人間の体の細胞は、入れ替わって再生されるまでに約3カ月かかりますが、逆に言いますと、私たちは3カ月ごとに生まれ変わっているわけです。

ですから、ちょっとスピリチュアルなことも、まずは習慣にしてください。習慣にすることで、あなたの人間性が変化し、あなたから出る波長が変わり、あなたの波長に引き寄せられるように、幸運をもたらす人が次々とあなたを訪ねてきてくれるようになります。

そんな方々が、あなたに**成幸**をもたらしてくれるのです。

第四章

Chapter 4

体力づくり、健康、食習慣への整形外科医からのアドバイス

厳しいことも多い人生を乗り越えていくためには、まずは体力が必要です。人生で**成幸**するためには、まずは健康でなければなりません。

最後の第4章では、整形外科医としての立場から、適切な体力づくり、健康の整え方、効果的な食習慣などをお話しさせていただきます。

最適な有酸素運動――インターバル速歩

体力づくりには有酸素運動が効果的です。特に、一定のペースではなく負荷に強弱をつけるインターバル速歩が最適です。

私は、毎朝5時30分にインターバル速歩をします。**インターバル速歩は、「早歩きとゆっくり歩きを交互に数分間ずつ行なう」**ものですが、速歩の時には最大体力の70％を使います。それが重要なのです。

ただ、速歩を長く続けるだけですと、すぐに疲れてしまいますので、歩行を挟み、休みながらもできるだけ速歩の時間を積み重ねていくというのがポイントです。

こんな調査結果があります。

60歳前後の中高年を対象に、1日8千歩以上のウォーキングをするグループと、1日15分以上のインターバル速歩をするグループとに分け、5カ月間にわたって週4日以上やってもらい、最大酸素摂取量と太ももの筋力を比較したものです。

ウォーキンググループはほとんど変化がなかったのに対して、インターバル速歩グループは最大酸素摂取量が９％上がり、太ももの筋力も13％上がるということが実証されました。

最大酸素摂取量が上がるということは、全身の持久力が高まるということです。全身の持久力が高まると、心臓の病気や糖尿病などの生活習慣病になりにくくなります。

インターバル速歩は１日合計15分以上が基本です。３分の速歩を５回でも、１分の速歩を15回でもかまいません。週に４日以上がベストですが、まずは無理をせず少しずつやってみてください。

私は毎朝、ジムにある有酸素マシンで15分のインターバル速歩を続けています。トレーニングが終わったあとも代謝が続いている感覚があり、瞬発力も持久力も上がりますし、ダイエット効果も期待できます。毎朝の習慣になったこともあって、今はそれほど苦ではありません。

一日を戦い抜くための茹で卵

クリニックではダイエット外来も行なっています。さまざまなダイエット法で納得のいく結果が出ず、私のクリニックを受診される方が多くいらっしゃいます。

多くの方は、「○×ダイエット」がいいと聞くとそれに偏向してしまい、リバウンドで苦しんでしまいます。ダイエットで大事なことはバランスです。

食生活、運動、ストレス、メンタル……すべてバランスです。

始発から2番目の電車で通勤するようになってから、朝食には困っていました。クリニックの近くに24時間オープンのスーパーがあるので20％引きの惣菜などを買っていましたが、人間は温かいものを摂ることが大切です。そこで、茹でたまご調理器を購入しました。

茹で卵は豊富なタンパク質が摂れるので、筋肉の栄養にとても大切です。朝食としてのバランスを考えると、2～3個が適切です。

茹でることでビタミンなどの栄養成分が減ってしまうマイナス面もありますが、温かいものを朝食として摂ることの方がもっと大切です。

卵1個のカロリーは約90カロリー、2個で180カロリーです。インターバル速歩15分で消費するカロリーは約120カロリーですので、それを軽くオーバーします。

朝食として2個の卵をスーパーで買い、茹で卵調理器で15分間、クッキングします。クリニックの掃除など環境整備をしていると、15分後にチーン……。それから、茹で卵をいただきます。

一日を戦い抜くためのキーストーン・ハビット（要の習慣）としての、朝の茹で卵2個はオススメです。

ちなみに、卵2個に含まれる栄養素（卵1個は60g）は次の通りです。

たんぱく質＝15・5g（約24％）、ビタミンA（レチノール活性当量）＝156μg（約17％）、

ビタミンD＝1・6μg（40％）、ビタミンE（α-トコフェロール）＝1・8μg（約29％）、

ビタミンB12＝1・1μg（約49％）、葉酸＝42μg（約18％）、ビオチン＝25μg（約60％）、

鉄＝2・2mg（約29％）。

【カッコ内のパーセントは成人の一日に必要な栄養素を何％補うかを示しています】

お風呂でゆっくり、明日への気力を

夜にお風呂にゆっくりと入っていただくと、**「整いました」**状態を皆さんに体験していただけます。

体を芯から温め、リラックスすることで自律神経が整って眠りにつくことができます。私がオススメする入浴法は次のようなものです。

まずは38度くらいのお湯に15分、半身浴で入ります。そして、その日あったことを浄化するようなイメージで湯船に浸かります。

呼吸は、腹圧呼吸（**120ページ参照**）。ゆっくり鼻から息を吸い、その2倍の時間をかけて口からゆっくりと息を吐き出します。

お腹は凹まさないのが肝（きも）です。体から汗を噴き出すことで、一日の疲れがとれ、体が浄化されていきます。

今日より明日、少しでも成長するためには、その日の疲れはその日のうちに取り、明日への挑戦の気力を養わなければなりません。

元メジャーリーガーの松井秀喜選手も、試合で打てなかった日も夜には半身浴をしっかりして、心と体のケアをしていたそうですよ。

腹圧呼吸の効果

皆さんは1分間に何回、呼吸していますか？　時間がある時に一度、数えてみてください。

私は1分間に12回、呼吸しています。単純計算ですが、私は1日に1万7280回の呼吸をすることになります。ちなみに私の妻は1分間に20回の呼吸だそうですから、1日に約2万8800回になります。

私たちは無意識に呼吸しているわけですが、1日の間にとても多くの呼吸をしていることが分かります。

深呼吸をすると、心が安定すると言われています。自律神経を落ち着かせる効果が深呼吸にあるからです。

自律神経は自分の意思でコントロールできるものではなく、交感神経と副交感神経という相反する神経で成り立っています。

交感神経は活動・緊張・ストレスといった時、特に昼間に優位になります。副交感神経は休息やリラックス状態にある時、特に夜間や就寝中に優位になりますが、副交感神経は加齢の影響を受けます。

男性は30歳以降、女性は40歳以降から副交感神経の活動レベルが徐々に低下していくと言われています。

私は、スポーツジムのスタジオで週に2回ヨガのレッスンに参加していますが、ヨガのポーズは呼吸を意識しながら行ないます。

さまざまなポーズがあるのは、頭の雑念を無くして心を無の状態に近づけるためです。レッスンのクラスで一番、体が硬い私は難しいポーズはできません。しかし、腹圧呼吸だけを意識してレッスンに参加しています。

一つ一つのポーズを呼吸を意識して丁寧にする。それだけで心が落ち着き、リラックスして気持ちが良くなり、成幸エキスが溢れ出します。

普段は意識はしていない呼吸を意識することで、人生が好転していくのです。

なぜ、腹圧呼吸が理想的なのか

さて、なぜ腹圧呼吸が理想的かといいますと、肺の下にある横隔膜に理由があります。横隔膜には副交感神経が多く含まれています。腹式呼吸により横隔膜を上下に刺激することにより、副交感神経の活動が優位になり、気持ちが落ち着いていきます。

お腹を凹まさないことで息を吐く時も横隔膜は広がろうとしますので、持続的に副交感神経が活性化します。

腹圧呼吸はお腹を凹まさずに息を吐くＩＡＰ（Intra-Abdominal Pressure＝腹腔内圧）呼吸法として、一流のアスリートも取り入れています。

腹圧呼吸で腹圧が高まることにより、体幹のバランス安定化作用で、理想的な姿勢に導くことができます。つまり、腹圧呼吸をすると姿勢が正しくなるということです。

腹圧呼吸のさらなる利点は、骨が強くなることです。腹圧呼吸を就寝の前にすると副交感神経がより良く働き、睡眠が深く充分になり、就寝中に分泌される成長ホルモンが増加します。

成長ホルモンは加齢とともに減少していくホルモンですが、その増加は骨の強度の増加に関係します。リラックスした状態で成長ホルモンの分泌を促すことで、骨の強さを引き出していくのです。

よく眠れて、姿勢も良くなると、人生に幸せを感じるようになり、人生の成幸につながります。

腹圧呼吸は理想的な呼吸法ですから、ぜひ生活に取り入れてみてください。

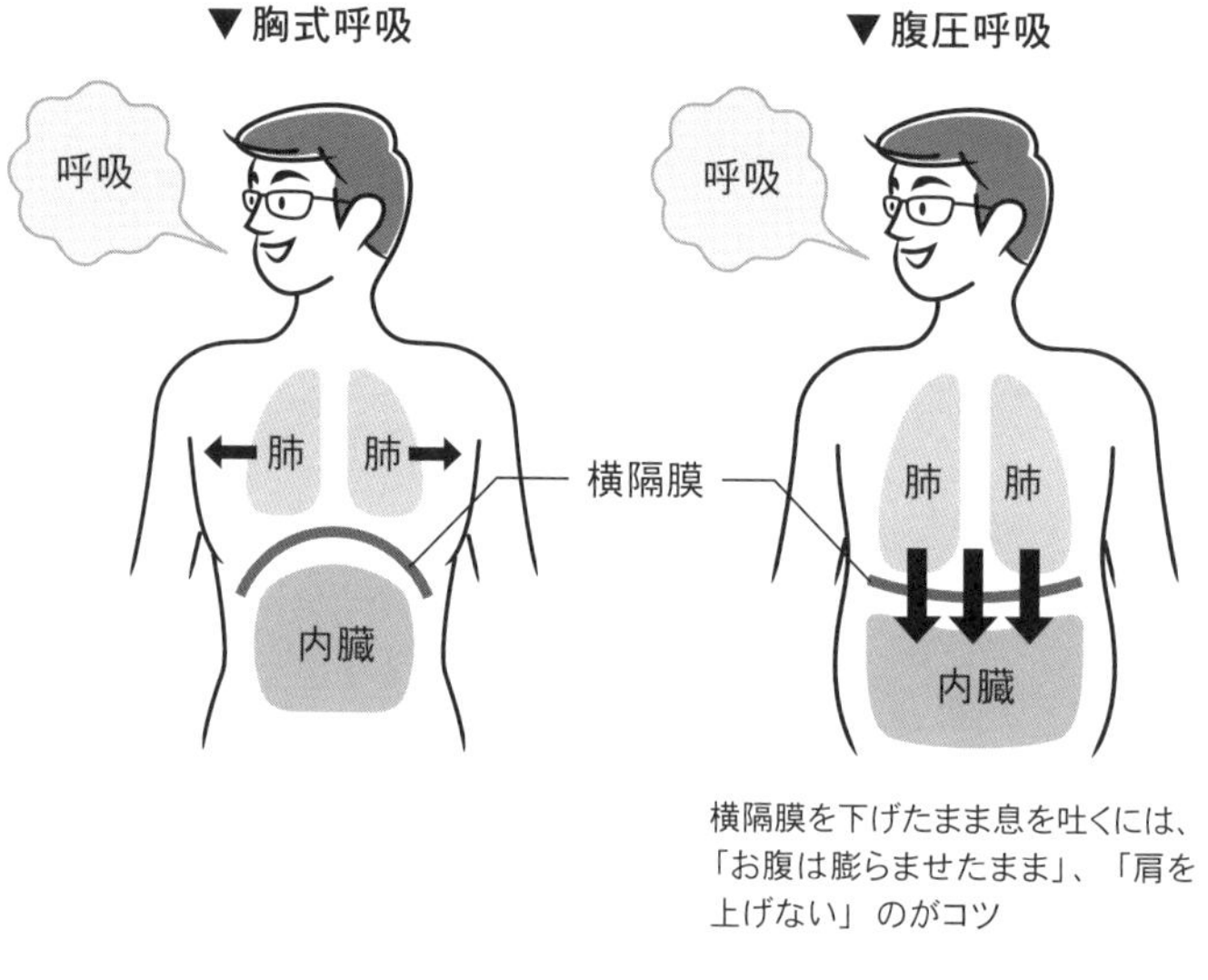

▼胸式呼吸

▼腹圧呼吸

横隔膜を下げたまま息を吐くには、「お腹は膨らませたまま」、「肩を上げない」のがコツ

「腰痛寝たまま体操」のヨガポーズ

ここでは、私も実践している「腰痛寝たまま体操」でのヨガのポーズについてご説明します。

1．屍（しかばね）のポーズ（ヨガでいちばん難しい、寝るだけポーズ）

ヨガでは最後に行なわれることが多い「屍のポーズ」ですが、腰痛寝たまま体操では最初に行なうことをオススメしています。

ただ全身の力を抜き、上を向いて寝るだけです。とは言っても完全に脱力するというのはなかなか難しいものです。

背中、腰、四肢の力を完全に抜き、全身を地面に任せて、寝てください。時間にして約5分間。腹圧呼吸を意識しながら、何も考えずにポーズをとります。副交感神経が優位になり、幸せな気持ちになっていきます。

時にはそのまま眠りに落ちてしまうこともありますが、それでも構いません。リラックス効果が得られていればいいのです。

屍のポーズを最初に行なうことにより、そのあとのポーズの効果が高まります。寝るだけのポーズですが、ヨガの究極のポーズです。

屍のポーズと言われると不気味な感じがするかもしれません。しかし、毎日の生活の場面で、全身の力を抜くというのはなかなかできないものです。

屍のポーズの時、どうしても全身の力が抜けないことがあります。私の場合はついつい両肩の力が入ってしまい。インストラクターの先生に注意されることがよくありました。

まず、全身の力を抜くことを練習してみ

▼屍のポーズ

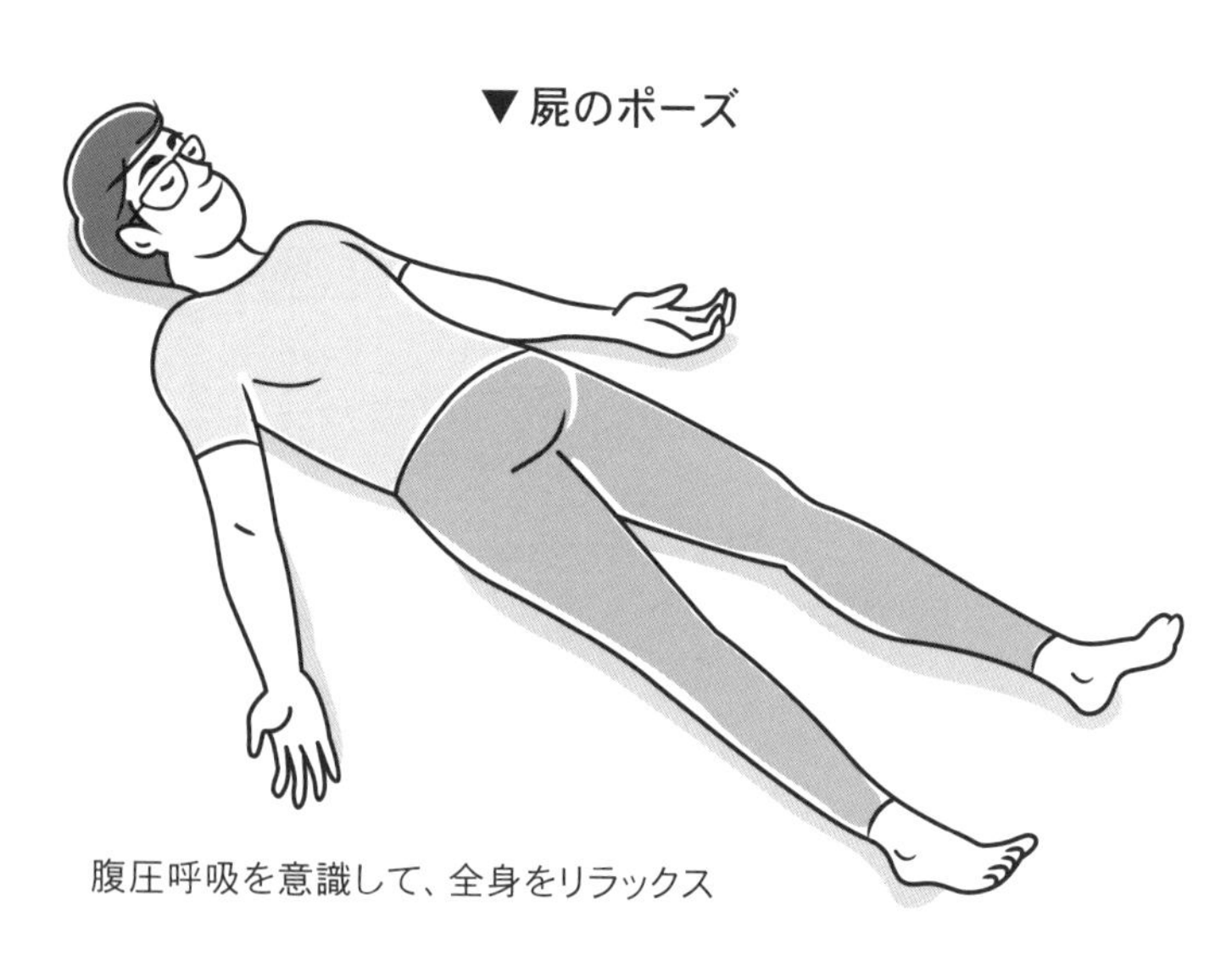

腹圧呼吸を意識して、全身をリラックス

ます。それが、屍のポーズのついでポイントです。

腹圧呼吸を意識して、首、肩、腰、足と力を抜いていき、リラックスしていきます。壁があれば、頭、背中、お尻を壁に付けてみましょう。そして、全身の力を抜き、体すべてを壁にあずけてみます。

腹圧呼吸をしっかりして、体、両手を壁にしっかりつける。その動作だけでも自律神経が安定します。習慣化すれば姿勢も改善していきます。

2．振り子体操で、背骨を左右にストレッチ（しなやかなカラダを手に入れる）

両膝を立てたまま仰向けになり、左右にパタンパタンと膝を倒すだけの体操です。

左右どちらかが倒れにくい方もいます。そのような方は、仙腸関節の靭帯の緊張に左右差がある場合があります。

でも、この体操を習慣化することにで、左右差は少なくなりますので、3カ月間は地道に続けてみてください。

振り子体操は骨盤、股関節まわりの左右差を解消することができるストレッチです。起床後、就寝前に寝室で行なうことをオススメします。

▼振り子体操

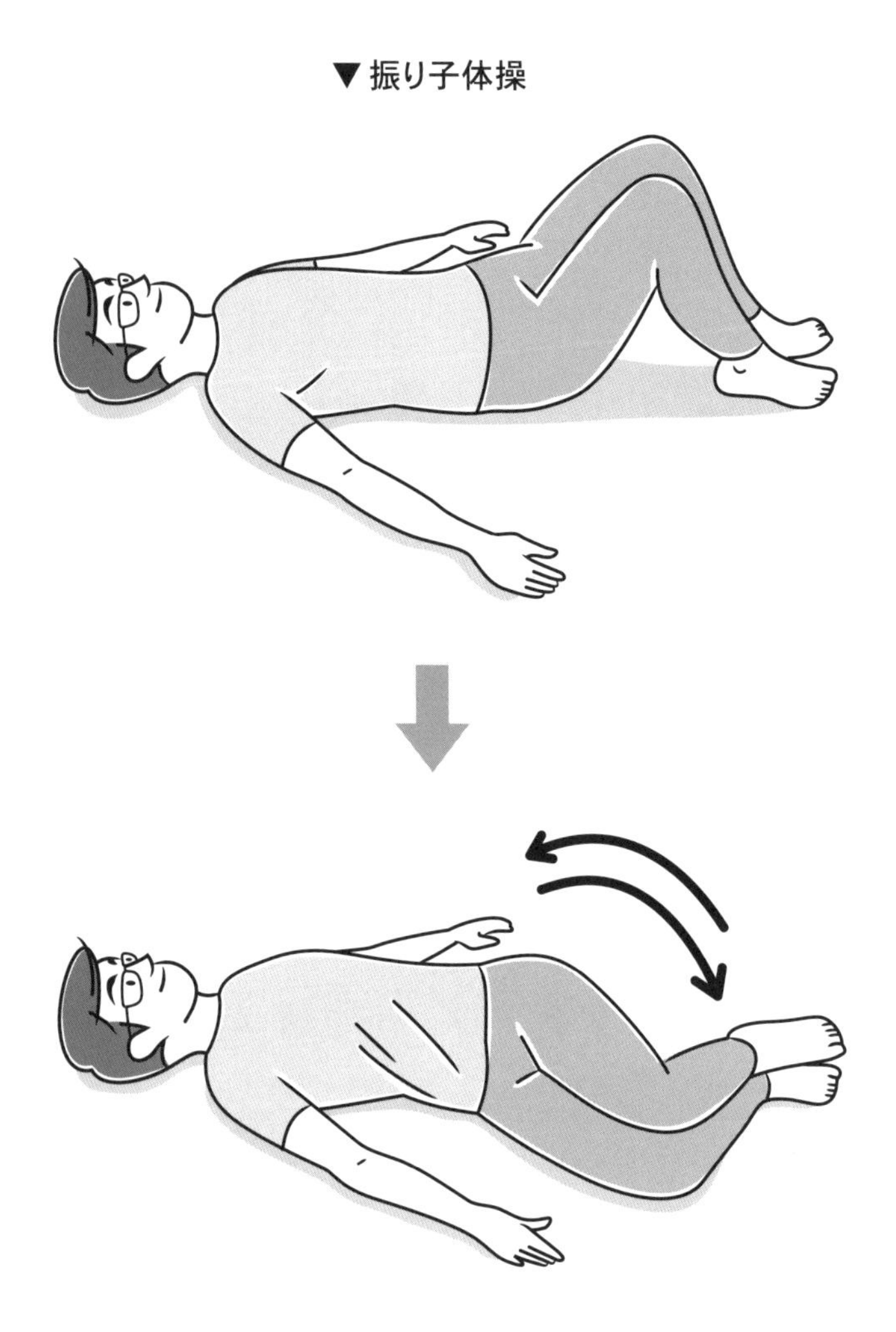

左右にパタンパタンと膝を倒すだけです

3．ワニのポーズで背骨のねじり（痛くない体を手に入れる）

「ワニのポーズ」は、お尻まわりの筋肉をストレッチするポーズです。

仰向けになり、両腕を肩の高さで横に伸ばし、手のひらを下へ、息を吸って床から垂直に上に挙げ、かかとを突き出します。

吐く息で右足を上げ、左の方へ倒します。顔を右に向け、ウエストから捻り、呼吸を続けます。

3～5秒、呼吸をキープし、また体を天井に垂直に戻し、逆も行ないます。終わりましたらゆっくりと、手足を楽なところでゆるめていきます。

ワニのポーズは、腰痛のなかでも**新型腰痛**への効果がメディアで取り上げられたことがあります。

新型腰痛とは、横浜市立脳卒中・神経脊椎センターの青田洋一先生が提唱されたもので、レントゲンやMRI検査などでは骨や神経の異常はないのに、腰痛や下肢痛が持続する患者さんにある一定の割合で殿皮神経の障害が疑われます。

長時間の座り姿勢や寝返りなどが原因で、殿皮神経の慢性的な炎症が起こり、疼痛が持

▼わにのポーズ

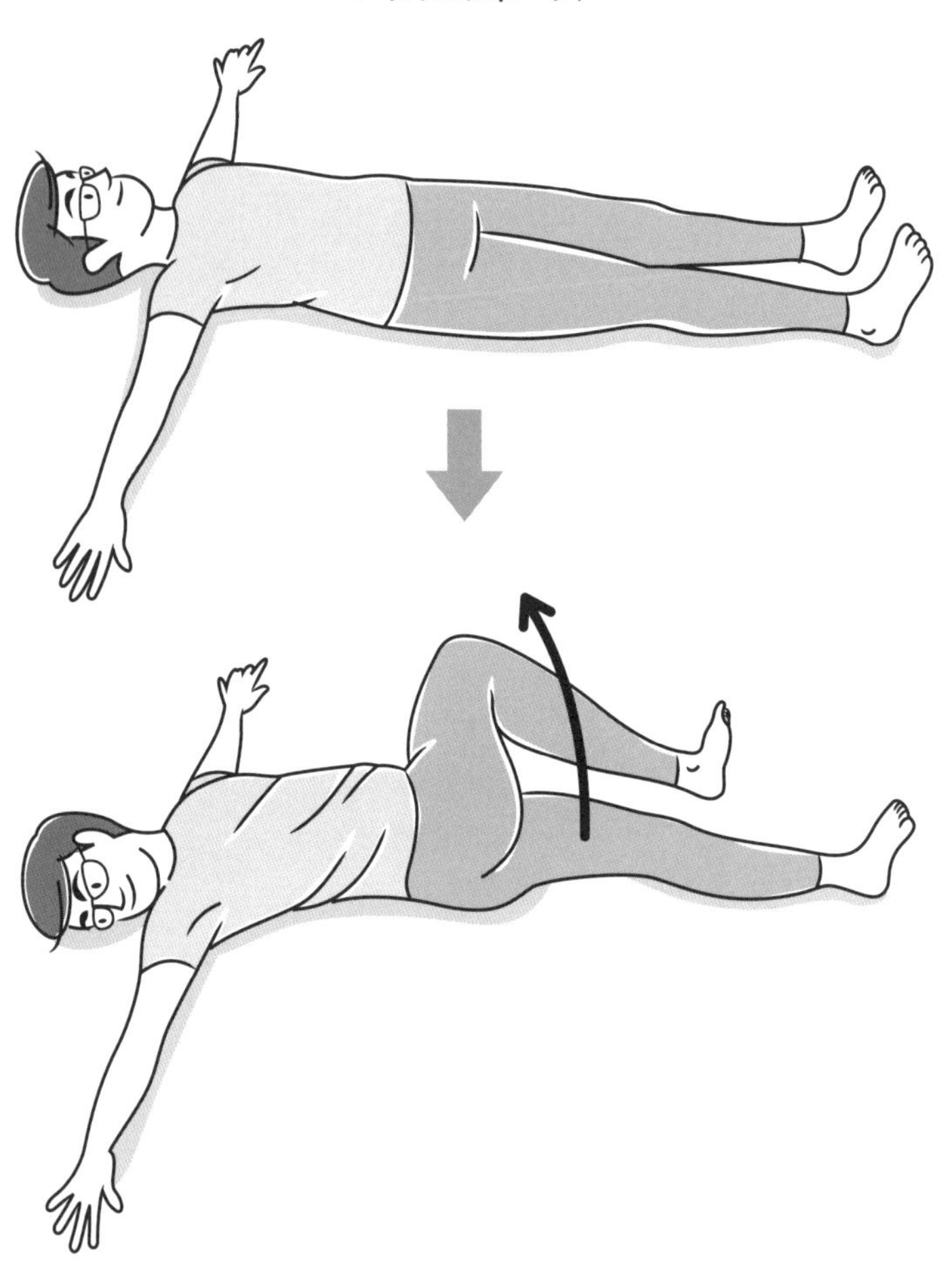

左右で行ない、お尻まわりの筋肉をストレッチ

続します。痛むのは殿皮神経が走行する仙腸関節の部分です。その部分を押すと腰痛が楽になる方は、殿皮神経の炎症が疑われます。

ワニのポーズは、殿皮神経をストレッチして、周囲の組織との癒着をはがす作用があります。

毎日コツコツと続けることにより、神経・筋肉・微小血管の血流や伸長性が改善しますので、新型腰痛にも効果が期待できるのです。

ジャックナイフ・ストレッチで後ろ姿を整える

理想的なストレッチはヨガ以外にもあります。

後ろ姿をかっこよくするストレッチとして、ジャックナイフ・ストレッチがそれです。

話しは少し脱線しますが、もし私の娘が「この人と結婚したい！」という男性を連れてきたとしたら、私が絶対にチェックしたいポイントがあります。それは、その人の後ろ姿です。

後ろ姿、つまり男の背中は生きてきた姿勢が現れます。もちろん、それは女性にも当てはまるのですが、私は後ろ姿がすてきな男性に愛する娘を、ぜひお願いしたいと思っています。後ろ姿は案外、見られているものです。皆さんも自分の背中に意識を向けるようにしてください。

さて、ジャックナイフ・ストレッチですが、やり方は左の説明文と下図の通りです。

①かかとをしっかりつける
②足首を持ち、胸と太ももを着ける
③胸と太ももが離れないように注意する
④ゆっくりお尻を上げ、頭を下げていく
（胸と太ももが離れないように注意）
限界まで上げたら、5秒保持する

▼ジャックナイフ・ストレッチ

これを5回繰り返し、1日2セットが目標

この流れを5回繰り返し、1日2セットを目標にします。

ジャックナイフ・ストレッチは、太ももの後ろのハムストリングスという筋肉群をストレッチします。ハムストリングスは大腿二頭筋、半腱様筋、半膜様筋という筋肉で構成され、骨盤を前に傾ける（前傾）働きがあります。

ハムストリングスが硬いと骨盤は前傾がしづらくなり、股関節、膝、腰に負担がかかってくるので姿勢が丸まっていきます。

ジャックナイフ・ストレッチは、オフィスでも出来ます。仕事仲間とどれぐらい体を伸ばせるか比べてみるのもいいでしょう。

日常生活で太ももの後ろを伸ばす動きはあまりありませんので、多くの方は膝を十分に伸ばせないのではないでしょうか？　オフィスでもできる「ついで体操」として、ジャックナイフ・ストレッチは手軽でオススメです。

体重は体調を確認する指標

会社の業績は会計士の先生がチェックしてくれますが、あなたの体調は誰がチェックしてくれますでしょうか？　自分の体調は自分で管理するしかありません。

体重は自分の体調を確認する指標となります。ですから、**体重計には毎日、乗る習慣をつけたいものです。**

「最近、体のキレがなくなったなぁ」という時は体重が増加している可能性があります。「活力が出ないなぁ」という時は体重が減っているかもしれません。

毎日、体重は変動しますが、一つ言えるのは、やはり体重は絞っておいた方がいいということです。

体重の増加は心臓や関節にかかる負担を増やします。毎日、体重を測ることで危険性を察知することができます。

名経営者と言われているような方に肥満体型の方はあまりいらっしゃらないようです。以前通っていたジムでは、ある大企業のＣＥＯの方が仕事の前に颯爽と泳いでらっしゃいました。

大企業のＣＥＯが私たちよりも早く起きて体調管理をしているのですから、私たちが体重計に毎日、乗るぐらいはどうってことありません。

最近は、スマホと連動させて体重の増減が分かる製品もありますし、血圧も同様にアプリで管理できます。

私が毎日、利用するＪＲ田町駅の階段には「1キロ0・1キロカロリー」という表示が一段ごとに書いてあります。**（写真）**

改札まで階段は54段ありますから、階段を利用することで、単純計算で5・4キロカロリーが消費されることになるわけです。

通勤のたびに意識しながら階段を上り下りするのは、なかなかいい気分で

●JR田町駅の階段。改札まで54段あります

す。

カロリーを意識していれば、自分の健康を整えられますし、摂取するより多くのカロリーを消費していれば肥満症に悩むこともなくなります。

自分の健康を整えるためにも、食事が消費カロリーを超えることがないように、カロリー計算の習慣を持ちたいものです。

幸せホルモン、愛のホルモンを

多くのベストセラーで知られるアメリカの心理学者、ジョン・グレイ博士の来日セミナーに参加させていただいたことがあります。

博士は、**「良い夫婦であるためにはオキシトシンを出しなさい」**と強調されていました。

オキシトシンは脳内ホルモンの一種で、愛したり、やさしくしたりすると分泌され、幸せな気持ちに満たされるというホルモンで、**幸せホルモン、愛のホルモン**などと言われています。

オキシトシンが分泌されると、前向きな気持ちになり、ストレスがなくなるなど感情面の改善とともに、血圧が下がる、体の痛みがなくなるといった効果も期待できます。

私の専門である整形外科疾患でも、オキシトシンによる痛みの改善の報告が多数あります。では、どうしたらオキシトシンを脳内に出すことができるでしょうか？

オキシトシンはパートナーとのふれあいなどで出やすいとされています。とはいえ、私のように家族がまだ寝ている時間に起床する方や、帰宅時間の遅い方などは、ふれあいといってもなかなか簡単ではありません。

そういう方にオススメしたいのが、自分のお腹を手で円状にさすってあげる方法です。つまり、**「自分で自分にふれあう」**のです。ゆっくりと円状にお腹をさすってあげるだけですが、幸せホルモンが脳内に分泌されます。

ジョン・グレイ博士は、「あなたがオキシトシンをいっぱい出せば、一緒にいるパートナーもオキシトシンが出てきて、幸せになります」と仰っています。

幸せと愛のホルモン、オキシトシンを上手に分泌できるようになれば、皆さんの周囲が変わっていきます。

ゆっくりとお腹をさするオキシトシン運動もまた、オススメの健康法です。

スポーツ、スタディ、セックスの3Sが効果的

男性の更年期の存在も常識になりつつあります。

血中の遊離テストステロンが8・5pg／ml未満で不定愁訴を伴うと、LOH症候群（加齢性腺機能低下症）と診断できます。不定愁訴は女性の更年期障害と同じく、現れ方が実に多彩です。

うつをはじめ筋力低下、集中力低下、動脈硬化が進行しますし、意欲、性欲も低下し、重症者ＥＤ（勃起不全）にも見舞われます。

加齢に伴ってＰＤＥ5という酵素が体内で増加し、性器への血流が乏しくなって、勃起障害が起こると考えられています。

加齢以外にも運動不足やメタボ、喫煙なども体内に酸化ストレスを募らせ、末梢の血行不良を招き、ＥＤの呼び水になります。

最も怖いのは、背後に循環器系の疾患が隠れていることです。「冠動脈疾患の患者さんは発症する2～3年前にＥＤ（勃起不全）を自覚していていた」という報告もあり、看過できません。

診断で血中のテストステロンの減少が確認されると、ホルモン補充療法が選択肢として示されます。一般的には定期通院し、診察の上で皮下注射となります。

ＥＤ治療を主な目標とするなら、診断次第によってはよく耳にするバイアグラなどが処方されます。先に挙げた酵素、ＰＤＥ５の働きを妨げるためです。

服薬により性器に行く血流はぐんと増え、力強さを取り戻せます。人生が変わったように感じ、すっかり性格が明るくなる方もいらっしゃるほどです。

薬に頼らず元気に過ごしたければ、スポーツ、スタディ、セックスの３Ｓが効果的と言われています。

男らしく生活することに、予防のカギがありそうです。

毛髪のコシ、肌のハリをチェック

私は、診察の際、患者さんの症状はもちろんのこと、毛髪のコシ、肌のハリもチェックするようにしています。

髪の毛や肌のコシ・ツヤに大きく関わっているのはコラーゲンというタンパク質で、骨、皮膚、毛髪など加齢による変化が顕著に現れる臓器に多く含まれます。

つまり、体内のコラーゲン量の減少や質の低下は骨の強度にも影響してきます。髪も肌も若々しくツヤツヤしていれば、コラーゲンが豊富であるということですが、毛髪が細くなってコシがなくなったり、肌にハリがない場合はコラーゲンが少なくなっているということです。骨強度も低下していることが予想されます。

いい人生を歩んでいくためには、バランスが大事です。コラーゲンは体内で合成されないため、サプリメントでとっていただいたり、高濃度のビタミンCのサプリを処方することになります。

髪にコシがなくなってきたなと感じたら、コラーゲンを意識することが大切です。

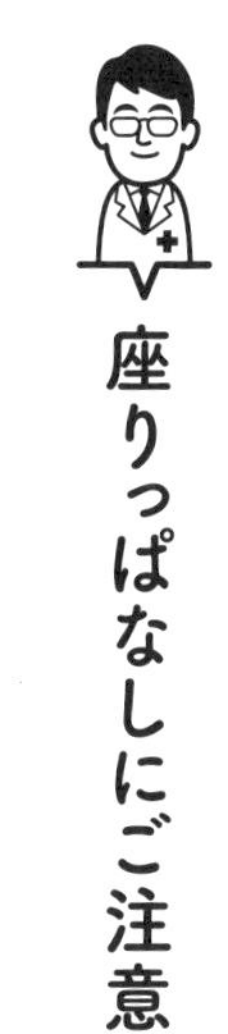

座りっぱなしにご注意

私のクリニックは東京のオフィス街にありますので、患者さんのほとんどは近隣のオフィス街で仕事をされている方々です。

ですので、年度末や年末など仕事が集中する時期には腰痛や肩こりで受診される方が増加します。

「1日14時間も座り続けていたので足がしびれた」

「オフィスで徹夜したら、腰が痛くて歩けない」

などなど、色々な症状の方が来院されます。

1976年にスウェーデンの整形外科医によって発表された論文では、「座位でいる姿勢は立っている姿勢に比べ、約1・4倍の圧が椎間板にかかる」と報告されています。

長時間座っていると、椎間板にかなりの負担がかかります。椎間板の変性や背骨に圧がかかるため変形の原因になるのです。**少なくとも1時間ぐらい座って仕事をする時は、50分ぐらいで一度立ち上がり、背伸びをしてください。**

私はアップルウォッチ（腕時計型ウェアラブルコンピュータのスマートウォッチ）を愛用していますが、1時間座り続けていると、「そろそろ立ち上がりませんか？」と通知してくれます。集中していると時間の経過を忘れがちですから、重宝しているウォッチです。

「座位でのデスクワークは腰に負担をかける」という認識が浸透してきたおかげでしょうか、最近は立ったままデスクワークをしているオフィスや、バランスボールに座って仕事をしているオフィスもあるそうです。とてもいい傾向だと思います。

できるだけ午前中の太陽を浴びましょう

私は、「銀行回り」はなるべく日差しのある日にするようにしています。

クリニックのある市ヶ谷から麹町にかけて取引銀行が散在しているので、なるべく早いスピードで10分ほど歩きます。午前中の日差しを浴び、体がリセットされていく感覚が心地良いです。

体に大切なビタミンDは、日光を浴びなければ体内で合成されません。ビタミンDは骨の健康ばかりでなく、がんの抑制、感染症の制御、血管の健康維持などさまざまなプラス効果があると言われています。

２０１６年、スウェーデンのキャロリンスカ総合病院のリンクビスト先生が、ビタミンDに関しての衝撃的な論文を発表しました。

「太陽にあまり当たらない女性は、太陽にたくさん当たる女性より2年ほど寿命が短い」というものです。

もちろん、日焼けが肌に悪いということも言われていますし、その論文の中でも「メラノーマという皮膚がんだけは太陽に当たることによって増加する」としています。

しかし、約3万人を対象とした研究では「メラノーマ以外のすべてのがんにおいて太陽に当たっている人の方が発症率は低く、心臓血管障害も少なく、寿命も長い」ということが報告されているのです。

近年、日本の紫外線量は増加の一途をたどっており、小学生も日傘を差す時代になっています。

美容皮膚科の学会に参加すると、日光は皮膚にとってもはや「敵」扱いです。しかし、整形外科の学会では「適度な日光浴は必須」と考えられています。

メラノーマのリスク増加を考え、1日に夏なら3～5分、冬なら10分～20分ぐらい、日焼け止めクリームは塗らず、肌を3割ほど露出して日光浴することをオススメします。

植物も日光を浴びなければ光合成が完了しません。人間も一緒です。日光浴の時間は、できれば朝がいいですね。朝の太陽の光は気持ちの良いものですが、その気持ち良さが大切です。

健康でいられることに感謝して日光浴をすることで、ストレスを抑える効果がある、幸せホルモンのオキシトシンやセロトニンが分泌されます。

コラーゲン、ビタミンDという骨に大事な栄養素は摂るだけではダメです。体内での合成を促すことが必要ですから、ストレスを抑えるホルモンの分泌を促すことが大事です。

朝の太陽の光を浴びながら、幸せな気分での散歩。それで寿命が伸びるというのですから、やらない理由はありません。

入れて、流す

あるビジネスセミナーの合宿に参加させていただいた時のことですが、参加者の中に2リットルのペットボトルを何本か持参している方がいました。

さすがに全部は飲めないだろうと思っていたのですが、ガブガブと飲まれ、夕方にはペットボトルは空になっていました。

その方は香港在住の著名な投資家ということでしたが、水をたくさん飲むことは体にとてもいいことです。**排泄されていく過程で、体が浄化されていきます。**

男性ですと、痛風の原因となる尿酸を体内にたまりにくくするために、1日約2リットルの水分摂取が有効とされています。

2リットルというとかなりの量を想像してしまいますが、嗜好品であるコーヒーの量を少し水に変えれば、2リットルぐらいは意外にすぐに習慣化できます。

「入れて、流す」

ためてばかりではダメなのは、世の中のすべてのことに当てはまります。

良い流れを引き寄せるには、体の中を浄化していくことを忘れてはいけません。

1日5杯以内のコーヒーを楽しみましょう

私は大のコーヒー好きです。

始発から2番目の電車で通勤し、環境整備と運動をして、自分と職場を整える作業が終わったあとに飲む一杯のコーヒー。私には至福の時です。

では、コーヒーは健康的にはどうなのでしょうか？　気になるところですが、最近の調査報告では、コーヒーの摂取が女性においてのみ骨折のリスクを増加させる可能性が指摘されています。

コーヒーを飲み過ぎると、コーヒーの利尿作用により尿と一緒にカルシウムも排出されてしまうからという仮説もありますが、まだ確定はされていません。

疫学（集団を対象として、健康や病気の要因などを研究する学問）的には、コーヒーをよく飲む人たちの骨折リスクはあまり飲まない人たちに比べて、男性で0・76、女性で1・

14となっています。

しかし、「コーヒー摂取量が1日5杯ぐらいであれば骨折のリスクもあまり大きなものではない」という注釈がついています。一方で、コーヒーを飲む習慣がある人は心臓病や脳卒中での死亡リスクが低下するという疫学調査もあります。

「過ぎたるは及ばざるがごとし」。コーヒーを飲むなら1日5杯以内を目安に楽しむのがいいようです。自分と職場を整える作業が終わったあとの一杯のコーヒー。至福の時間を皆さんもどうぞ！

R-1（ヨーグルトドリンク）で腸を整える

箱根駅伝で青山学院大学陸上部を連覇に導いた原晋監督は、選手たちにA4用紙に1カ月の目標（目標管理シート）を書くように指導しています。

2015年の箱根駅伝において、山の神として一躍ヒーローになった神野大地さんは、大会1カ月前の目標管理シートに次のようなことが書いてあったそうです。

1：山登り補強2種目を週3回やる
2：強化を目的とするコアトレ2種目を週4回やる
3：各自ジョギングでもクロカンを使用する
4：故障予防として、夜のストレッチを30分する。治療も計画的に
5：体調管理として手洗い、うがい、外出時マスク、1日1本のR－1（ヨーグルトドリンク）
6：1月2日の5区に向けて最高の状態を創る
7：1カ月、1秒でも多く陸上のために時間を使う
8：食生活はバランスを考える。鉄分の多い食事を摂る

箱根駅伝1カ月前として、すばらしい目標設定ですね。原監督は「一歩先でなく半歩先を！」を口癖のようにして選手に指導しているそうですが、私が特に注目したのは、5番目の項目の1日1本のR－1（ヨーグルトドリンク）です。

私も1日1本のR－1の摂取を続けていますが、**R－1は免疫力を強化し、インフルエンザなどの風邪に罹りにくくなり、罹っても症状が軽く済む効果が期待できます。**

また、1カ月間続けて飲むと、腸内環境が整い、便秘や代謝が改善され、肌もきれいになります。

以上、人生で**成幸**するための体力づくり、健康法、食習慣などをお話しさせていただきました。

一度にすべてを実行するのは難しいと思います。ですから欲張る必要はありません。どんな小さなことでもいいのです。昨日の自分より少しだけ成長する毎日を続けていきましょう。

それが、**成幸**への一番の近道なのですから……。

巻末・参考図書

始発から2番目の電車で読むのに特におすすめの本 10選

1 『一瞬で人生を変える お金の秘密』（本田健 著、フォレスト出版）

2007年に開業してから経営がうまくいかず、銀行残高が減っていく毎日を送っていた頃、本田健さんのベストセラー『ユダヤ人大富豪の教え』（だいわ文庫）を読みました。

それまで大学病院で手術に明け暮れていた自分にとって、**お金とは何か？ ビジネスとは何か？ を語りかけるように教えてくれた衝撃の本です。**

それから本田健さんの大ファンになりました。会いたい気持ちが強くなり、セミナーや、出版合宿に何度も参加させていただきました。

2019年に出版された『happy money』では、お金の流れについて「ありがとうIN,

ありがとうout」を意識してお金を使うと、お金が戻ってくると書かれています。

私たちはどうしても「ありがとうZ, 不安out」で生活しがちです。起業したばかりで、お金の不安がいつも頭から離れない方にはとてもオススメの書籍です。

『ビジネスエキスパートがこっそり力を借りている日本の神様』（道幸龍現(どうこうりゅうげん) 著、サンマーク出版）

開業前には、医師である私は神仏について考えることはまったくありませんでした。しかし、神社の前の立地に開業してから、さまざまな失敗や出会いを経験する中で神仏について深く考えるようになりました。

この本は、神仏の力を借りてビジネスで成功する方法について、色々と書かれていますが、神仏の力を借りて成功する秘けつには、2本の柱があるとのことです。ひとつは、神仏の存在について学び、その力をいただく方法を知ること。そしてもうひとつが、**神仏に応援されるよう、自らを整えることです。**

皆さんも神仏に応援されるよう、自らを整える方法を探しましょう。

3

『掃除道』（鍵山秀三郎 著、ＰＨＰ研究所）

イエローハット社長の鍵山秀三郎さんの掃除についての本です。鍵山社長はトイレ掃除に40分かけているそうです。

掃除を習慣化するためには、

①掃除道具をキチンと揃える。
②掃除道具の置き場所を決める。
③工夫しながら掃除をする。

と書かれています。

私は、トイレ掃除は自分を整えるためにとても重要だと思っています。この本で書かれているトイレ掃除の教えはとても参考になります。道具、心構え、そして感謝の心を持って掃除をすることが大事です。

今でも、この本の教えに沿ってトイレ掃除の道具を定期的に購入することを続けています。中でも、ステンレスタワシは心もきれいになってオススメですよ。

『ツイてる！』（斎藤一人著、角川書店）

何をやってもうまくいかず、八方ふさがりの時のことでした。

新橋の立ち飲み居酒屋でひとりやけ酒を飲んでいると、隣で飲んでいた自称・風俗嬢に「サイトウ・ヒトリさんって知ってる?」と声をかけられ、店を出てすぐに、本屋さんでこの本を購入しました。

何をやってもうまく行かない方にオススメです。**ひたすら、「ツイてる、ツイてる」と繰り返し唱えていきましょうという内容です。**

私は、それまでは言霊とか潜在意識とかあまり考えたことはなかったのですが、この本が口癖を変えると人生が変わるということを信じるきっかけとなりました。

私はこれを、**ハッピー・カウンティング**と名付けています。今では、手数式カウンターを私のクリニックのスタッフに配るようにしています。そして、「ツイてる、ありがとう、感謝しています、幸せです、と1フレーズ唱えるごとに1カウントしてみてね」と話しています。

スタッフのUさんは、目標にしていた結婚をハッピー・カウンティング800カウントで達成し、寿退社されました。1年間で800カウントですので、決して多くはないのですが、きっとゆっくりと思いを込めてつぶやいていたのでしょう。

『ミッション！・パッション！・ハイテンション！働く気持ちに火をつける』（齋藤孝 著、文藝春秋）

「ミッション！　パッション！　ハイテンション！」ってとてもリズムが良くて、口に出すだけで元気になりませんか？

この本に書かれているのは、「ミッション＝**使命**」を持って、「パッション＝**情熱**」をメラメラさせて、「ハイテンション＝**上機嫌**」で生きる！　ということです。

私は開業当初はスタッフに見えるところにこの言葉を掲示していました。

元気がない時、仕事を始める前の自分を整える時間にぜひこの言葉を口ずさんでください。運命が変わっていくのがわかります。

6

『朝一番の掃除で、あなたの会社が儲かる！』（小山昇 著、ダイヤモンド社）

この本で、「環境整備」の大切さを学びました。

ものはあるべきところにあるようにする。職場の環境整備を徹底すると、スタッフにも恵まれるようになります。面接の時にも、職場を見て安心するのではないでしょうか。

この本でも朝一番の掃除が推奨されています。『掃除道』でも朝6時30分からの掃除が紹介されていましたが、**朝に掃除をすることで心がきれいに素直になっていくのが経営にプラスに働くのだと思います。**

始発から2番目の電車で出勤し、私も行なっていた自分を整える掃除スタイルは、心の安らかさを手に入れるのにとても役立ちます。

『自分を受け入れた瞬間、何かが起こる！「引き寄せスパイラル」の法則』（奥平亜美衣 著、大和出版）

私は医師として一応、准教授まで拝命していただいた医師です。プライドが高く、考えていたことを曲げない性格でした。しかし、開業してから何事もうまくいかず、「どうしたらいいのだろう？」と考え始めた頃に、自宅の机の上に置いてあったのが本書でした。

実はこの本は妻が買ってくれたもので、いわゆるスピリチュアル本です。「自分を受け入れて宇宙と繋がることで願望を達成する」というのですから、当初は准教授の医師の読むような本ではないように思っていました。

しかし、**自分のエゴを取り去れば、宇宙が願いを叶えてくれる**という内容に従い、本当に毎日、エゴを取り去るワークをした結果……なんと一番の懸案事項であった娘の医学部への合格が叶い、多額の入学金もなんとかなりました。

「エゴを外すと、宇宙が願いを叶えてくれますよ」なんて簡単には言えないかもしれませんが、素直な心に自分を整える方法として、この本のワークを取り入れると、良い未来が訪れる可能性があります。

『シリコンバレー式最強の育て方 人材マネジメントの新しい常識 1on1ミーティング』（世古詩一著、かんき出版）

私のクリニックでは、週に一度スタッフ一人一人と面談をしています。本書の1on1（ワン・オン・ワン）ミーティングを参考にさせていただいています。

スタッフの話を聞くだけの時間です。スタッフは社長と話をしたいものです。私は淡々と聞かせてもらうだけです。時間にして30分もあれば十分です。

1on1ミーティングをして分かったのは、スタッフに「調子どう？」、「うまく行ってる？」と聞くだけでスタッフの表情が明るくなるということです。そして、できるだけ前向きな解決方法を提案して、ミーティングを終えるようにしています。リーダーとして、「このように努力し、改善しますので、協力してください」というふうにです。

そのような前向きな態度がスタッフとの一体感を得るために、とても重要だということを教えていただきました。

9

『99％の人生を決める１％の運の開き方』（崔燎平著、内外出版社）

筆者は、「誰でも幸せになることができる」と断言されています。

幸せをつかむかどうかは99％が私たちの意思と行動で、後の１％が運と言われるもので、占い師はその１％の運勢を見て、幸せになるきっかけをつかんでもらうことが仕事だと述べています。

この本には、普段の挨拶をする、トイレ掃除をする、お墓参りをするなど、日常生活で簡単にできそうなことが紹介されています。どの習慣も運気を高める具体的な理由や方法が書かれていて、とても参考になります。

悩んでいる起業家の方にぜひオススメの習慣ばかりです。

『トップアスリートが実践 人生が変わる最高の呼吸法』（パトリック・マキューン 著、かんき出版）

この本には腹圧呼吸の方法とメリットが書かれています。腹圧呼吸をすると横隔膜が刺激されます。横隔膜には副交感神経が多く含まれていて、腹圧呼吸で副交感神経が優位になります。つまり、リラックスしていきます。

脳をクリアにするのは、いかに自律神経をコントロールするかにかかっています。その点で、**自律神経の中でリラックス効果を高める副交感神経を高めることができる腹圧呼吸を習慣にすることで、あなたの人生を変えていく呼吸法となるはずです。**

無意識のうちに呼吸は繰り返されています。ぜひ、腹圧呼吸を取り入れてクリアな思考を手に入れましょう。

あとがき

最後まで読んでいただき、本当にありがとうございます。

私は、医師になって25年、クリニックを開業して13年あまりが経ちました。受験で医学部を志すようになる前は、新聞記者になるのが夢でした。文章を書くのが好きだったのでしょうね。

ひょんなことからベストセラー出版セミナーに参加したのが2016年4月。そして、これもまたひょんなことからナチュラルスピリット社の今井社長とライトワーカー社の高山さんに、私の原稿に興味を持っていただけるという幸運に恵まれました。

本書に書かせてもらいましたように、幸運を引き寄せるマインド、習慣を毎日、実践していると、奇跡的なことが本当に起きてくるんです。

お二人に私の原稿に興味を持っていただけたというのも、そういったことが起こしてくれた奇跡だったのかもしれません。

2013年に亡くなった私の父である古賀邦平は、有名医学部受験予備校を一代で築き上げたカリスマ経営者でした。父は最後の著書『時々においてワンダフル』（朱鳥社）の中でこう書いています。

「プラスかマイナスか分からないまでやってみよう！」

父が言いたかったのは、今やっていることがうまくいくかは誰も保証はしてくれないが、自分がワクワクすることだけやってみたらいいじゃないか、というような意味ではないかと今は思っています。

私は50代を目前にして、父の言いたかったことが理解できるところまで、やっとたどり着けたのかもしれません。「プラスかマイナスか？」だけで決断していたら、人生は本当につまらないものになるようです。

本書の中でも何度も書かせていただきましたが、**「自分を信頼して、決断していく」**ことこそが、人生での本当の意味での成功、すなわち**「成幸」**につながっていくと私は確信しています。

おや、そろそろ降車駅が近づいてきたようです……。皆さんと色々とお話しができて楽しかったです。ありがとうございました！

私はいつも始発から2番目の電車に乗っておりますので、見かけたらぜひ声をおかけください。皆さまと、またお会いできる日を楽しみにしております。

・・・・・・・・・・

本書を、亡き父・古賀邦平、亡き弟・哲郎、最愛の妻と娘、そして私をいつも応援してくれる母・和子さん、義理の母・美智子さんに感謝の想いと共に捧げます。

——2020年12月

著者プロフィール

古賀昭義（こが・あきよし）

1996年、日本大学医学部卒業。
医学博士、整形外科専門医、抗加齢医学専門医。
元日本大学医学部整形外科臨床准教授。
2007年より、医療法人社団トーイシン会市谷八幡クリニック院長。
「HAPPY CLINIC」を理念に、毎日の診療にあたっている。
著書：『身長が2センチ縮んだら読む本』（秀和システム）

院長はなぜ、
始発から2番目の電車で出勤するのか？
通帳残高1120円からの奇跡の復活人生

2021年1月16日　初版発行

著者／古賀昭義

編集／磯貝いさお
装幀／福田和雄（FUKUDA DESIGN）
本文デザイン・DTP／鈴木 学

発行者／今井博揮

発行所／株式会社ライトワーカー
TEL 03-6427-6268　FAX 03-6450-5978
E-mail info@lightworker.co.jp
ホームページ https://www.lightworker.co.jp/

発売所／株式会社ナチュラルスピリット
〒101-0051 東京都千代田区神田神保町3-2 高橋ビル2階
TEL 03-6450-5938　FAX 03-6450-5978

印刷所／創栄図書印刷株式会社

ISBN978-4-909298-12-6 C0095